Felix Stieve

Der Kalenderstreit des sechzehnten Jahrhunderts in Deutschland

Felix Stieve

Der Kalenderstreit des sechzehnten Jahrhunderts in Deutschland

ISBN/EAN: 9783743394681

Hergestellt in Europa, USA, Kanada, Australien, Japan

Cover: Foto ©ninafisch / pixelio.de

Weitere Bücher finden Sie auf **www.hansebooks.com**

Der Kalenderstreit

des sechzehnten Jahrhunderts

in Deutschland

von

Felix Stieve.

Aus den Abhandlungen der k. bayer. Akademie der Wiss. III. Cl. XV. Bd. III. Abth.

München 1880.
Verlag der k. Akademie
in Commission bei G. Franz.
Akademische Buchdruckerei von F. Straub.

Der Kalenderstreit
des sechzehnten Jahrhunderts
in Deutschland

von

Felix Stieve.

Ueber den Widerstand, welchen die Protestanten Deutschlands im sechzehnten Jahrhundert der Einführung des gregorianischen Kalenders entgegensetzten, und über die Schriften, in welchen damals um den Wert und die Zulässigkeit der Neuerung gestritten wurde, hat zuerst Ferdinand Kaltenbrunner umfassenderen und eingehenderen Bericht erstattet.[1]) Eine Reihe von Ergänzungen und Berichtigungen seiner Ausführungen habe ich bereits bei einer Besprechung derselben veröffentlicht.[2]) Nochmals und näher auf den Gegenstand einzugehen, unternehme ich deshalb, weil Kaltenbrunner nicht alle einschlägigen Schriften kannte und aus den ihm zugänglichen von den theologischen, politischen und nichtwissenschaftlichen Erörterungen, mit welchen die Kalenderänderung bekämpft oder verteidigt wurde, nur unvollständige und ungenaue Mitteilung machte. Gerade diese Erörterungen sind jedoch nicht allein für die Denkweise jener Zeit sehr bezeichnend, sondern sie besitzen zugleich für die politische Geschichte unseres Vaterlandes Bedeutung, da die Beobachtung verschiedener Kalender in hohem Masse zur Verschärfung des Zwiespaltes zwischen den kirchlichen Parteien Deutschlands beitrug. Es

---

1) Ferdinand Kaltenbrunner: Die Polemik über die Gregorianische Kalenderreform. Sitzungsberichte der hist.-phil. Classe der kais. Akademie d. W. Band 87, 485—546.
2) In der Historischen Zeitschrift N. F. VI, 127—136.

dürfte daher nicht überflüssig erscheinen, aus den zum Teil sehr seltenen Streitschriften, die einzusehen mir vergönnt war,[1]) vollständigere Auszüge zusammenzustellen. Ueberdies glaube ich, dass die Ablehnung des neuen Kalenders durch die Protestanten eine andere Beurteilung finden muss, als ihr bisher von Seite der Geschichtschreiber und in weiteren Kreisen zu Teil geworden ist.

I.

Papst Gregor XIII führte den nach ihm benannten Kalender, welcher gegenwärtig bei allen christlichen Völkern ausser bei den Anhängern der griechischen Kirche im Gebrauch ist, vor nunmehr nahezu dreihundert Jahren an Stelle des i. J. 47 vor Christus von Julius Cäsar geschaffenen Kalenders ein, um die kirchliche Festrechnung in Einklang mit dem wirklichen, dem astronomischen Jahre und dessen Himmelserscheinungen zu setzen.

Den Angelpunkt für die Berechnung der beweglichen Kirchenfeste bildet bekanntlich das Osterfest. Die ersten Christen feierten dasselbe im Anschlusse an das Passah der Juden, welche das Osterlamm in der Nacht vom 14. auf den 15. des Monates Nisan assen, wo der Frühlingsvollmond, der erste Vollmond nach der Tag- und Nachtgleiche des Frühlings, sichtbar war. Während aber die asiatischen Christen Ostern am 14. Nisan selbst hielten, weil nach dem Evangelisten Johannes Christus an diesem Tage gekreuzigt worden war, begingen die Abendländer das Auferstehungsfest am Sonntage nach dem 14. und das Andenken des Leidens Christi am vorausgehenden Freitage, denn nach dem Zeugnisse aller Evangelisten war Christus an einem Freitage gestorben und an einem Sonntage auferstanden; wie deshalb allwöchentlich jener Tag als Fasttag, der zweite als Festtag betrachtet wurde, so glaubten die Abendländer das Andenken des Erlösungswerkes entsprechend seinem Verlaufe erneuern zu müssen und fanden es unpassend, die vierzig-

---

1) Dem Herrn Oberbibliothekar Dr. Förstemann zu Dresden, Herrn Oberbibliothekar Professor Dr. Otto v. Heinemann zu Wolfenbüttel und Herrn Geheimrath Professor Dr. Lepsius zu Berlin bin ich für die gütige Zusendung der auf den hiesigen Bibliotheken nicht vorhandenen Schriften zu grösstem Danke verpflichtet. Die Titel der von mir eingesehenen Schriften gibt der Anhang und führe ich sie der Kürze halber mit der ihnen dort eigenen Nummer an.

tägigen Fasten an einem Freitage zu beenden, falls der 14. Nisan auf einen solchen traf. Weitere Abweichungen wurden dadurch verursacht, dass die Juden seit der Zerstörung Jerusalems den 14. Nisan nicht mehr nach Beobachtung der Gestirne, sondern nach ungenauen Berechnungen ansetzten, denen zu Folge jener Tag vor der wirklichen Frühlingsgleiche einfallen konnte. Indem nun unter den beiden bis dahin vorhandenen christlichen Parteien die Einen dem jüdischen Kalender folgten, die Andern ihr Ostern nach dem wirklichen Frühlingsvollmonde richteten, entstanden vier verschiedene Arten der Osterfeier. Dazu kam endlich noch, dass die römische Kirche die Frühlingsgleiche irrig auf den 18., die alexandrinische richtiger auf den 21. März setzte. Diese Unterschiede veranlassten seit der Mitte des zweiten Jahrhunderts immer heftigere Streitigkeiten und wachsende Verwirrung. Daher traf das Concil von Nicäa, um die Einigkeit herzustellen und um die Christen von jeder Gemeinschaft mit den Juden zu sondern, i. J. 325 die Anordnung, dass Ostern stets am ersten Sonntage nach dem Frühlingsvollmonde gefeiert und als Tag der Frühlingsgleiche der 21. März angenommen werden solle. Diese Vorschrift gewann — wenn auch nur sehr langsam — Geltung und wurde seit dem neunten Jahrhundert in allen christlichen Ländern befolgt.[1]

Die Väter des Concils hatten jedoch übersehen, dass der bei ihrer Bestimmung der Frühlingsgleiche zu Grunde gelegte julianische Kalender das Jahr um 11 Minuten 14 Secunden zu lang ansetzte und mithin seine Frühlingsgleiche, wie sie seit der Einführung des Kalenders durch Julius Cäsar bis zum Concil bereits vom 25. auf den 21. März gewichen war, so auch in der Folge nach je 129 Jahren um je einen weiteren Tag gegenüber dem astronomischen Aequinoctium zurücktreten musste. Ausserdem hatte das Concil für die kirchlichen Berechnungen die Voraussetzung angenommen, dass der Mond nach je 19 Jahren zur selben Stunde in dieselbe Phase eintrete; auch hier lief jedoch ein Irrtum unter, der nach 312 Jahren einen Tag Unterschied zwischen den Mondberechnungen des kirchlichen Kalenders und den wirklichen Erscheinungen des Gestirns ausmachte.

---

1) Hefele Conciliengeschichte I, 86 fg. 329 fg. und Ideler Handbuch der Chronologie 345 fg.

Natürlich traten diese Fehler je länger desto deutlicher hervor. Es kam dahin, dass der Kirchenkalender Neumond verkündete, während schon die wachsende Sichel am Himmel erglänzte, und dass, wenn der wirkliche Frühlingsvollmond vor dem 21. März des Kalenders eintrat, Ostern um eine, vier oder fünf Wochen zu spät gefeiert wurde. Indem ferner einzelne Kirchen bisweilen nach den Himmelsbeobachtungen statt nach dem Kalender rechneten, stellten sich aufs neue Abweichungen in der Abhaltung des Festes ein, wie denn Bremen einmal Ostern vier Wochen eher als die übrige Christenheit begangen hat, wenn der alte Spruch berechtigt ist: „Bremenses asini canunt Resurrexi, cum populus Dei cantat Oculi mei." [1])

Seit dem Beginn des 13. Jahrhunderts wurde der Ruf nach Abhülfe laut und bald erhob sich derselbe dringend von allen Seiten, zumal man neben der Verwirrung allerlei andere Unzuträglichkeiten und namentlich den Spott der Laien zu erdulden hatte, ja besorgte, es könne einmal am Charfreitage der Neumond und durch ihn eine Sonnenfinsternis eintreffen und so der Glaube des Volkes an den übernatürlichen Ursprung der Sonnen- und Mondfinsterniss bei Christi Tode erschüttert werden. [2])

Mehr als zwei Jahrhunderte lang wurde die Verbesserung des Kalenders erörtert. Endlich griff Gregor XIII durch.

Der Arzt Aloisio Lilio aus Ziro in Calabrien hatte in zehnjähriger Arbeit einen Entwurf zur Herstellung und Erhaltung des Einklanges zwischen der kirchlichen Jahresrechnung und den Himmelserscheinungen vollendet. Mit seinem Werke hatte auch sein Leben den Abschluss erreicht. Sein Bruder Antonio legte jedoch die Schrift 1577 dem Papste vor. Dieser liess sie darauf durch mehrere in Rom anwesende, mit Mathematik und Astronomie vertraute Männer prüfen und schickte dann katholischen Fürsten und Universitäten einen Auszug zu. [3]) Eine Reihe

---

1) Den Vers führt N. 20 des Anhangs an. Vgl. Kaltenbrunner 528 fg.

2) Kaltenbrunner Die Vorgeschichte der Gregorianischen Kalenderreform, Sitzungsberichte der hist.-phil. Classe der kais. Akademie d. W. 82, 289 fg.

3) Kaltenbrunner Polemik 489 fg. Theiner Annales ecclesiastici II, 444. Archiv für Kunde österreichischer Geschichtsquellen XV, 210. Franz Joseph von Bianco Geschichte der Universität Köln I, 699. Kaltenbrunner sagt S. 490, der Auszug sei „den katholischen Fürsten und Universitäten" zugeschickt worden. Die Einführungsbulle sagt nur: „ad christianos principes celebrioresque universitates" und es ist nicht wahrscheinlich, dass die katholischen Reichsfürsten zum

von Gutachten liefen ein [1]) und verschiedene Werke, welche die Aenderungsfrage behandelten, wurden veröffentlicht. [2]) Ohne indes — soviel ersichtlich ist — diese zu berücksichtigen, unterzog ein vom Papste beauftragter Ausschuss die Vorschläge Lilios einer eingehenden Prüfung und änderte sie in einigen wesentlichen Punkten ab. Er gedachte die beabsichtigten Neuerungen in einem ausführlichen Werke zu begründen. Ehe jedoch noch dessen Ausarbeitung begonnen war, setzte Gregor XIII jene ins Werk, weil das Jahr 1582 von vornherein als „Jahr der Verbesserung" in Aussicht genommen worden war und die cyklischen Berechnungen von da ausgingen.

Am 24. Februar 1582 ordnete nämlich der Papst durch die Bulle „Inter gravissimas" an, dass der neue Kalender eingeführt und durch Auslassung von zehn Tagen im October desselben oder eines der nächsten Jahre die Frühlingsgleiche, welche thatsächlich bereits auf den 11. März des Kalenders fiel, wieder auf den 21. zurückgebracht werden solle. Beigefügt wurden der Bulle ein Kalenderbruchstück für die Monate October bis December 1582 und „Canones". Ersteres veranschaulichte die durch Auslassung der zehn Tage veranlasste Verschiebung des bisherigen Kirchenkalenders, die „Canones" aber gaben das Verfahren an, wodurch in Zukunft die astronomische Frühlingsgleiche unverrückt auf dem 21. März des Kalenders festgehalten und die Mondbestimmungen desselben dauernd in Einklang mit dem wirklichen Umlauf gesetzt werden sollten. Die in diesen Regeln mehrfach versprochene wissenschaftliche Rechtfertigung der päpstlichen Vorschriften wurde vom Ausschusse niemals verfasst; erst 1588 gab ein Mitglied desselben, der aus Bamberg stammende Jesuit Christof Clavius, eine solche zur Abwehr der inzwischen von Gelehrten erfolgten Angriffe heraus; einige Jahre später liess er eine weitere Verteidigung folgen und 1603 veröffentlichte er im Auftrage des Papstes Clemens VIII eine umfangreiche Erläuterung des Kalenderwerkes. [3])

Gutachten aufgefordert wurden; dass die Universität zu Wien nicht durch den Papst, sondern durch den Kaiser befragt wurde, berichtet K. S. 491 selbst.

1) Ranke Die römischen Päpste, 6. Aufl. I, 277. Kaltenbrunner 491.
2) Kaltenbrunner 493 fg.
3) Kaltenbrunner 545 fg 565 fg.

II.

Wir sahen, dass die Anregung zu der Aenderung nicht von Gregor XIII ausging.¹) Es war daher nicht eben grossherzig, dass er das Verdienst, den neuen Kalender geschaffen zu haben, für sich in Anspruch nahm, indem er denselben unter seinem Namen ausgehen liess und so das Andenken des eigentlichen Urhebers zurückdrängte.

Ueber den wissenschaftlichen Wert des Kalenders zu urteilen, ist nicht meine Sache. Es ist bekannt, dass seine Berechnungen noch manche allerdings geringfügige Fehler enthalten. Hervorgehoben muss jedoch werden, dass bereits um 1080 in Persien ein Verfahren augenommen worden war und gleich 1582 ein entsprechendes durch den Landgrafen Wilhelm IV von Hessen vorgeschlagen wurde, demzufolge der julianische Fehler in der Jahresberechnung in 33 Jahren auf 14½ Secunden ermässigt wurde, während ihn das gregorianische System erst in 400 Jahren auf 22 Secunden herabbrachte.²) Immerhin aber war die Aenderung eine für jene Zeit sehr bedeutende, von grosser Gelehrsamkeit und ungewöhnlichem Scharfsinn getragene Leistung.

Keineswegs aber darf sie als eine für das öffentliche Leben notwendige und ihrer Absicht nach gemeinnützige That bezeichnet werden. Die Fehlerhaftigkeit der julianischen Jahreslänge und der kirchlichen Mondbestimmungen war seit Alters den Gelehrten bekannt. Schon die 1252 zum Abschlusse gebrachten Tafeln des Königs Alfons X von Castilien gaben dann die astronomische Jahreslänge bis auf wenige Secunden richtig an und suchten wie die Phasen der Sonne so die des Mondes astronomisch genau vorauszubestimmen.³) Seit dem Ende des 14. Jahrhunderts wurden für Astronomen und Aerzte Kalender angefertigt, welche dieselben Aufgaben zu lösen trachteten.⁴) Bedeutendes leisteten endlich in dieser Hinsicht die 1151 erschienenen „Tabulae Prutenicae" des Erasmus Reinhold.⁵) Auf ihnen fussten die Ansätze des gregorianischen Ka-

---
1) In der Einführungsbulle bemerkte der Papst dies selbst.
2) Rudolf Wolf Geschichte der Astronomie S. 331; vgl. unten.
3) Wolf 78 fg.
4) Kaltenbrunner Vorgeschichte 357 fg.
5) Wolf 242 fg.

lenders.¹) Dieser selbst aber war für die Gelehrten unbrauchbar, weil er die Sonnen- und Mondphasen nicht astronomisch genau, sondern nach einer Durchschnittsrechnung angab, und er wurde durch seine eigenartigen Cyklen bei jedem Zurückgehen in die Vergangenheit Anlass zu zeitraubenden Umrechnungen. Bei allen Lesekundigen ferner war seit dem Ende des 15. Jahrhunderts der kirchliche Kalender durch die gedruckten der Astronomen und Mathematiker völlig verdrängt, in welchen die Sonnen- und Mondphasen, soweit es damals möglich war, astronomisch genau bestimmt wurden.²) Für das bürgerliche Leben endlich war es doch völlig gleichgültig, ob die Tag- und Nachtgleichen allmählich um so und soviel Kalendertage zurückrückten und ob die kirchlichen Angaben der Mondphasen unrichtig waren. Wie man mehr als 1600 Jahre lang mit dem julianischen Kalender gelebt hatte, ohne durch ihn Nachteil zu empfinden, so würde man es auch weiterhin vermocht haben. Werden doch noch heute die Russen und Griechen dadurch, dass die Verschiebung ihres Kalenderjahres gegen das Sonnenjahr auf zwölf Tage angewachsen ist, in ihrem Dasein nicht gestört. Allerdings würden die Bauern-, Schiffer-, Aderlass-, Purgier- und ähnlichen Regeln, welche sich an gewisse Kalendertage, die Lostage, wie man sie damals nannte, knüpften, mit der Zeit unbrauchbar geworden sein, aber das Volk selbst hätte sicherlich ihre Berichtigung im Anschlusse an die Beobachtung der so deutlich wahrnehmbaren Naturerscheinungen auch fernerhin ebenso vollzogen, wie es in den verflossenen Jahrhunderten geschehen war, und wäre auch schliesslich der 21. März in den Winter gefallen, so würde dennoch gewiss kein Bauer an diesem Tage deshalb zu ackern und zu säen begonnen haben, weil der kirchliche Kalender den Frühlingsanfang dorthin verlegte.

Freilich wird es nun heutzutage Niemandem beifallen, zu bestreiten, dass ein unveränderlicher Kalender bequemer und zweckmässiger als ein wandelbarer ist, und dass mithin seine Einführung wünschenswert und an sich verdienstlich war, aber lediglich für die katholische Kirche war die Aenderung des julianischen notwendig und lediglich von diesem Gesichtspunkte aus unternahm und begründete sie Gregor XIII.

---
1) Kaltenbrunner Polemik 496.
2) Kaltenbrunner Vorgeschichte 376.

Unter den wichtigen Aufgaben seines Hirtenamtes, sagt er in der Einführungsbulle, sei nicht die geringste die, dasjenige auszuführen, was das tridentiner Concil dem apostolischen Stuhle „vorbehalten" habe. Dazu gehöre die Verbesserung des Breviers, welches die Gebete und die Berechnung der Feste enthalte. Jene habe sein Vorgänger Pius V geordnet; die Verbesserung des Kalenders sei durch Lilios Vorschläge ermöglicht, u. s. w. Da nun, um das Osterfest gemäss der Anordnung der Päpste Pius I und Victor I, des nicänischen Concils und Anderer zu halten, drei Dinge nötig seien, so „schreibe er vor und befehle", in Zukunft gewisse Vorschriften zu beobachten. Er „wolle", dass alle Geistlichen den neuen Kalender hielten, und er „ermahne und bitte kraft der ihm von Gott verliehenen Gewalt" den Kaiser sowie die übrigen Könige, Fürsten und Herrschaften und „gebiete" denselben, den Kalender anzunehmen und in ihren Landen einzuführen, damit in der ganzen Christenheit Gleichheit in der Feier der Festtage gehalten werde. Wer sich seiner Anordnung widersetze oder gegen sie handle, solle wissen, dass er damit in die Ungnade Gottes und der Apostel Petrus und Paulus falle.[1)]

Vor allem aus der Notwendigkeit, den kirchlichen Kalender wieder in Einklang mit den Vorschriften des nicänischen Concils und den wirklichen Himmelserscheinungen zu setzen, leitete dann später auch Clavius[2)] die Berechtigung der Neuerung ab. Ueberdies fügte er bei, dass durch die zunehmende Verschiebung der Kalendertage die kirchlichen Feste jene symbolische Beziehung zu den Jahreszeiten verlieren würden, welche sie wie Weihnachten zur Winter-, Johanni zur Sommersonnenwende u. s. w. besässen. Wenn er daneben anführte, dass die Monate allmälich ein anderes Witterungsgepräge erhalten, dass die Lostage ungültig und die Schilderungen, die Wetterregeln und ähnliche Dinge in älteren Schrift-

---

1) Die Bulle ist zuerst gedruckt im: Kalendarium Gregorianum Perpetuum. Cum Privilegio Summi Pontificis Et Aliorum Principum. Romae. Ex Officina Dominici Basae. MDLXXXII. 4°. 30 Blätter. Das Büchlein enthält ausserdem: 2) Das Privileg des Papstes für den Drucker; 3) Canon in Kalendarium Gregorianum anni correctionis 1582; 4) Das Bruchstück für October bis December 1582; 5) Quid observandum sit, si correctio Kalendarii non fiat anno 1582 (Anweisungen bis 1585); 6) Canones in Kalendarium Gregorianum Perpetuum; 7) Tabula Paschalis Antiqua Reformata; 8) Tabula Paschalis Nova Reformata; 8) Tabula Paschalis Nova Reformata; 9) Tabula Temporaria Festorum Mobilium; 10) Ewiger Kalender fürs ganze Jahr.

2) Romani Calendarii a Gregorio XIII P. M. restituti Explicatio 1603, p. 70 fg.

stellern unverständlich werden würden, so waren das allerdings Gründe weltlicher Natur, doch waren dieselben für die Curie nebensächlich und für das öffentliche Leben bei dem so langsamen Fortschreiten der Verschiebung von geringer Bedeutung, und sie wurden obendrein noch dadurch abgeschwächt, dass der Papst die Frühlingsgleiche nicht der Zeit entsprechend ansetzte, in welcher Caesar seinen Kalender geschaffen, Christus gelebt und die wichtigsten römischen und jüngeren griechischen Schriftsteller geschrieben hatten.

Die Zurücklegung der Frühlingsgleiche war unter den Aenderungen Gregors diejenige, welche sich, da sie die Auslassung von zehn Tagen erforderte, im öffentlichen Leben sofort und am stärksten bemerkbar machen und selbst dann, wenn alle christlichen Völker sich fügten, vielfache Verwirrungen, Streitigkeiten und Nachteile verursachen, in dem Falle aber, dass die protestantischen Länder und Gebiete sich widersetzten, Handel und Verkehr aufs schwerste schädigen und bitteren confessionellen Hader wachrufen musste. Gerade diese Aenderung wurde jedoch ausschliesslich durch kirchliche Gründe veranlasst und gerechtfertigt. Von katholischer Seite wurde schon vor, von protestantischer gleich nach der Veröffentlichung des gregorianischen Kalenders geltend gemacht, dass es doch weit einfacher und zweckmässiger sei, die Frühlingsgleiche auf dem 11. März, wo sie damals astronomisch eintraf, festzuhalten,[1]) und dass es wissenschaftlichen und christlichen Gesichtspunkten besser entspreche, sie auf den 25. oder den 23. März zu legen, da sie auf ersteren Tag zu Caesars, auf letzteren zu Christi Zeit gefallen sei. Dagegen rechtfertigte der Papst die Wahl des 21. März einfach durch die Vorschrift des nicänischen Concils. Diese Berufung war indes sogar vom katholischen Standpunkte aus nicht zutreffend und hinreichend, denn das Concil hatte seine Osterregel nicht wie seine übrigen Beschlüsse in feierlicher, unbedingt bindender Form, durch einen mit

---

1) Der Protestant Calvisius machte dagegen in seinem Elenchus Calendarii Gregoriani, 1612, Fol. D. 3b darauf aufmerksam, dass man den 11. März allerdings nicht festhalten könne, wenn man Ostern dem Nicänum und dem wirklichen Frühlingsvollmonde gemäss feiern wolle, denn sonst könne man genötigt sein, einige Sonntagsevangelien auszulassen, beziehungsweise in unpassender Reihenfolge einzuschalten. Wie schon er bemerkt, war dies von katholischer Seite nicht hervorgehoben worden und doch gerade ein Grund, der auch für die Protestanten ins Gewicht fiel, da ja auch sie die Festrechnung nach dem alten kirchlichen Kalender richteten.

dem Anathem ausgerüsteten Canon aufgestellt,[1]) und warum sollte es dem Papste nicht zugestanden haben, die nicänische Vorschrift in Bezug auf die Frühlingsgleiche ebenso zu ändern, wie er es in Hinsicht der Mondcyklen that? Clavius brachte später als zweiten Grund vor, dass die griechische Kirche ebenfalls den 21. März beobachte, also bei Festhaltung desselben eher ihr Anschluss zu hoffen sei. Auch das war jedoch nur ein Scheingrund, da die Griechen längst wegen weit wichtigerer Unterschiede jede Gemeinschaft mit den Lateinern abgebrochen hatten. Geradezu abgeschmackt ist endlich der dritte Grund, den Clavius geltend macht, indem er sagt: „Da die Mehrheit der Martyrer, Kirchenlehrer, Bekenner und Jungfrauen, deren Feste die Kirche in dankbarem Andenken fromm begeht, um die Zeit des nicänischen Concils lebte, die Martyrer nämlich wenig vorher unter Decius und Diocletian, den grausamsten Verfolgern der Kirche Gottes, die Bekenner aber zur Zeit des Concils selbst oder bald nachher zur Zeit des Basilius und Gregor von Nazianz......., konnte die Frühlingsgleiche nicht auf eine passendere Zeit gesetzt werden als auf die des nicänischen Concils, damit die Feste der Heiligen jährlich zu rechter Zeit wiederkehrten und gefeiert würden, das heisst, nicht weit von jener Zeit, in welcher die Heiligen auf Erden lebten und die katholische Kirche durch Beispiel und Lehre erleuchteten, denn, wäre die Gleiche auf die Zeit der Geburt Christi zurückgeführt oder da, wo sie vor der [gregorianischen] Verbesserung eintraf, festgehalten worden, so wären die Zeiten aller jener Heiligen verwirrt worden."[2]) Nach dieser Ausführung verdienten also Christus, die Apostel und die grossen Heiligen der ersten Jahrhunderte sowie die des Mittelalters weniger Rücksicht als die nach der Meinung des Clavius zahlreicheren des vierten Jahrhunderts.

Die wahre Ursache der Bestimmung des 21. März hat man in späterer Zeit übersehen, doch hatte Clavius dieselbe schon vor dem Er-

---

1) Hefele Conciliengeschichte I, 326 fg
2) A. a. O. 78 fg. Kaltenbrunner Polemik 570 bemerkt hierzu: „als ob gleich nach dem Martyrium oder Tode eines Heiligen sein Gedächtnistag in den Kalender eingezeichnet worden wäre." Allerdings wurde bekanntlich das Fest jedes Heiligen auf seinen Todestag gesetzt, und da man hierin der Ueberlieferung folgte, die sich von den Zeiten des Betreffenden fortpflanzte, so würde insoweit

scheinen des Kalenders verraten [1]) und er wiederholte sie auch bei dessen nachträglicher Verteidigung. Sie bestand darin, dass bei anderem Verfahren alle vorhandenen Breviere und Missale unbrauchbar wurden und alle bisher gültigen Tagbestimmungen für die beweglichen Kirchenfeste umgeändert werden mussten, was grosse Kosten und Umstände verursacht haben würde.

Das aber war natürlich kein Grund, der für die Protestanten Bedeutung besass, und ebensowenig konnte diesen der Umstand, dass die Kalenderänderung für die katholische Kirche notwendig war, als zwingender oder auch nur genügender Anlass erscheinen, sich ihr zu fügen. Die einzige Erwägung, welche die Protestanten und zwar namentlich die deutschen dazu hätte bestimmen können, war die, dass die Katholiken sich unbedingt nach der Vorschrift des Papstes richten mussten und dass es daher zweckmässig sei, sich ihnen anzuschliessen, um die Verwirrung und die vielfachen Nachteile doppelter Kalenderrechnung fernzuhalten. Diese Erwägung musste indes zurücktreten, da der Papst die Neuerung ausschliesslich mit dem Bedürfnisse seiner Kirche begründete und die Annahme kraft seiner Amtsgewalt und bei Strafe des Bannes befahl.

Gregor hatte nicht das Mindeste gethan, um den die Protestanten herausfordernden Eindruck dieser Bulle zu mildern. Obgleich sie schon unter dem 24. Februar 1582 ausgefertigt wurde und obgleich in Deutschland ein Reichstag am 1. Januar desselben Jahres ausgeschrieben und am 3. Juli eröffnet wurde, liess der Papst doch erst Mitte September durch seinen Legaten den Kaiser ersuchen, die Annahme des neuen Ka-

---

der von Clavius angeführte Grund Sinn haben. Ob er aber wirklich meinte, dass man der Heiligen gerade an dem Tage, wo sie wirklich gestorben seien, gedenken solle, vermag ich aus seinen unklaren Worten nicht zu entnehmen; vielleicht wollte er nur sagen, es sei passend, die Jahresrechnung festzuhalten, welche zu der Zeit, wo die meisten Heiligen lebten, gegolten habe, weil sonst die Angaben aus ihrem Leben den Tagen des gebräuchlichen Kalenders nicht entsprächen. Andere Katholiken deuteten freilich das Festhalten am 21. März in ersterem Sinne; vgl. unten.

[1]) Christophori Clavii Bambergensis Ex Societate Jesu In sphaeram Joannis de Sacro Bosco Commentarius, nunc iterum ab ipso auctore recognitus et multis ac variis locis locupletatus. Romae 1581, p. 259: „Quare rectius Gregorius XIII Pontifex Opt. Max. idem (aequinoctium) reducendum esse statuit ad diem 21 martii, quo nimirum contingebat tempore Nicaeni concilii, hoc est, anno 325. Ita enim nihil prorsus immutandum erit in breviariis ac missalibus permanebuntque iidem termini paschales, quos sancti illi patres in concilio Nicaeno constituerunt." Andere Gründe fügte Clavius dort gar nicht bei.

lenders zu bewirken. ¹) Erst um dieselbe Zeit dürfte auch den katholischen Reichsständen die Mitteilung und Aufforderung zugegangen sein, denn das gedruckte Einführungsmandat des eifrigen Bischofs Urban von Passau ist vom 23. September datiert und zwei Tage später wies Urban seinen Official in Wien, Melchior Khlesl, an, in aller Eile die Genehmigung des Erzherzog-Statthalters von Oesterreich für die Veröffentlichung nachzusuchen; er habe nicht Zeit gehabt, sagte er später, diese vor Ausfertigung seines Mandates einzuholen. ²) In Rom war der Kalender vorher Niemandem, selbst den Gesandten nicht gezeigt worden. ³) Das Alles legt die Vermutung nahe, dass der Papst die Welt überrumpeln und dadurch jeden Widerspruch unmöglich machen wollte, und man kann sich nicht des Schlusses erwehren, dass er den Hintergedanken hegte, die Annahme des Kalenders durch die Katholiken werde die Protestanten zum Anschlusse zwingen und so bewirken, dass er thatsächlich als das Haupt der ganzen Christenheit anerkannt werde. Um so ausschliesslicher erschien sein Wille als der einzige Grund der Aenderung, da die wissenschaftliche Begründung derselben, wie erwähnt, nicht mitveröffentlicht wurde und man nicht einmal Sorge trug, dass die Regeln der neuen Rechnung rechtzeitig weiteren Kreisen bekannt wurden. Noch Ende December 1582 befand sich in den Händen der deutschen Protestanten nichts mehr als ein in München zum Zwecke der Einführung bei den Gemeinden Baierns gefertigter Nachdruck des Kalenderbruchstückes für den Schluss des Jahres, ⁴) und noch einige Monate später bemerkte der Churfürst von Brandenburg, dass nirgends Exemplare des in Rom gedruckten Kalenders zu bekommen seien. ⁵) Einem Befehle und einer Banndrohung des Papstes aber konnten sich die Protestanten, wie

---

1) Kaltenbrunner Polemik 604.
2) Th. Wiedemann Geschichte der Reformation und Gegenreformation im Lande unter der Enns, 430 fg.
3) Ranke Päpste 277. Wenn er der obigen Nachricht beifügt: „ehe er von den verschiedenen Höfen gebilligt worden," so muss da eine Ungenauigkeit seiner Quelle vorliegen. Die Einführungsbulle und Clavius Explicatio p. 74 bezeugen ausdrücklich, dass den Höfen nur der Auszug der Schrift Lilios zugeschickt wurde und erst nach Einlaufen ihrer Gutachten der Ausschuss seine Prüfung begann und den Kalender anfertigte.
4) Chemnitz in seinem Berichte, s. Anhang N. 14.
5) Kaltenbrunner 607.

nun einmal die kirchlichen Verhältnisse und Anschauungen gestaltet waren, nicht fügen: ihre Ablehnung war unvermeidlich.

Allerdings entsprang dieselbe ihrer kirchlichen Engherzigkeit und ihrem wütigen Hasse gegen Rom, aber einerseits war sie an und für sich keineswegs so unvernünftig, wie man gewöhnlich annimmt, weil eben für das bürgerliche und öffentliche Leben das Bedürfnis zur Aenderung des alten Kalenders nicht bestand und die Auslassung von zehn Tagen mancherlei Schwierigkeiten und Nachteile mit sich brachte, anderseits kann man nicht läugnen, dass der Papst durch sein rücksichtsloses Vorgehen die Hauptschuld an dem langwierigen und unheilvollen Kalenderzwiespalte trägt, wobei freilich auch wieder für ihn die Gesinnung seiner Zeit als entlastender Umstand in Anschlag gebracht werden muss.

III.

Vielleicht hätte Kaiser Rudolf II die allgemeine Annahme des neuen Kalenders in Deutschland bewirken können, wenn er dieselbe sofort im September 1582 nach dem ersten Anbringen des päpstlichen Legaten aus kaiserlicher Machtvollkommenheit und ohne des päpstlichen Befehles zu gedenken, angeordnet hätte, wie das später von ihm und anderen Fürsten geschah. Allerdings widersprach ein solches Verfahren dem Herkommen des Reiches, es verletzte die von den Ständen so eifersüchtig überwachte „deutsche Libertät" und es wäre ihm um so mehr verargt worden, als der Reichstag ohnehin gerade um ihn versammelt war. Unüberwindlich waren indes diese Hindernisse keineswegs. In seiner langsamen, bedenklichen und unentschlossenen Art verschob jedoch Rudolf die Entscheidung, bis die Zustimmung der Reichsstände gesichert sei.[1] Mit dem Reichstage alsbald Verhandlungen zu beginnen, war aussichtslos, da die meisten Fürsten schon abgereist waren und die Gesandten in Hinsicht auf die Kalenderfrage keine Vollmacht besassen. Auch in der nächstfolgenden Zeit aber that Rudolf keine Schritte, um sein Ziel zu erreichen.

---

[1] **Kaltenbrunner** 604 fg. und meine Besprechung in der Hist. Ztschr. S. 128 fg. Zu letzterer trage ich nach, dass auch **Calvisius** in der Vorrede zu seinem Elenchus calendarii Gregoriani, 1612, den Chytraeus missverstand

Inzwischen erliess wie der Bischof von Passau[1]) so Herzog Wilhelm V von Baiern, der in gewohntem Uebereifer[2]) auch seine bischöflichen Nachbarn zu unverzüglicher Annahme des Kalenders drängte,[3]) für sein Gebiet den Befehl, der päpstlichen Bulle gemäss nach dem 4. den 15. October zu zählen. Das erschien dem Kaiser als ein Eingriff in seine Rechte und als Gefährdung der Eintracht im Reiche. Sein Statthalter, Erzherzog Ernst, legte gegen die Veröffentlichung des Passauer Befehls in Oesterreich unter der Enns entschiedene Verwahrung ein und forderte die Zurücknahme der in Oberösterreich ohne sein Vorwissen erfolgten Anordnung, worauf denn auch erstere unterblieb und auf die Beobachtung letzterer, wie es scheint, nicht weiter gedrungen wurde.[4]) Rudolf selbst aber bewog den baierischen Herzog, sein Einführungsgebot zu widerrufen.[5])

Trotz dieser Haltung des Kaisers verkürzte eine neue Bulle des Papstes vom 7. November 1582 die ursprünglich für das folgende Jahr auf den October gesetzte Annahmefrist, indem sie vorschrieb, schon im Februar vom 10. auf den 21. zu springen.[6]) Ihr gehorchten indes im Reichsbezirke nur die belgische Regierung[7]), der Bischof von Trient,

---

1) S. oben S. 14.

2) Ueber seine kirchliche Gesinnung vgl. Stieve Die Politik Baierns 1591—1607 in: Briefe und Acten z. Gesch. des dreissigjährigen Krieges IV, 407 fg.

3) Wiedemann a. a. O. 431. Ohne Zweifel hatte Wilhelm wie an Passau so auch an die anderen Bischöfe, deren Sprengeln Baiern angehörte, geschrieben.

4) A. a. O. 431 fg., wonach Kaltenbrunner 599 und meine Angabe in der Hist. Zeitschr. N. F. VI, 135 zu berichtigen sind.

5) Wiedemann 432. G. Maffei Annali di Gregorio XIII, II, 274. Schon in seinem Gutachten vom 5/15. December 1582 erwähnt Landgraf Wilhelm IV von Hessen des Widerrufs, Neuer Literarischer Anzeiger, Tübingen 1808, 187. In späteren Streitschriften wird mehrfach darauf hingewiesen. Die betreffenden Mandate Wilhelms sind mir unbekannt.

6) Die Bulle bei Clavius Explicatio und sonst gedruckt. Ein entsprechendes Breve an den Kaiser vom 13. November bei Thoiner Annalen eccl. III, 379 und bei Kaltenbrunner 582; in beiden Abdrücken heisst es seltsamer Weise, es solle nach dem 10. der 20. gezählt werden. Der Grund der Beschleunigung ist keineswegs, wie Kaltenbrunner 505 Anm. 2 will, darin zu suchen, „dass man für 1583 eine Differenz in der Osterfeier vermeiden wollte," denn Ostern fiel nach dem alten Kalender auf den 31. März, nach dem neuen auf den 10. April, also nach beiden auf denselben Tag.

7) Mandat Philipps II, Doornicke 10. Januar 1583. Es heisst darin, der Papst habe einen neuen ewigen Kalender gemacht, „die principaelicken dienen tal voor de feestdaeghen ende solemniteyten der heiligher kercke." Der König befehle die päpstliche Verordnung zu beobachten, „ende

Cardinal Madruzzo,[1]) und der Bischof Marquard von Augsburg.[2]) Wilhelm von Baiern ordnete freilich aufs neue die Beobachtung des päpstlichen Willens an, widerrief aber dann seine Befehle nochmals, sei es auf Mahnung des Kaisers,[3]) sei es, weil, wie er Gregor XIII schrieb,[4]) die Bischöfe, zu deren Sprengeln sein Land gehörte, die Frist zu kurz fanden oder sich erst mit ihrem Metropoliten verständigen zu müssen glaubten.

Rudolf II liess sich durch die Vorstellungen, welche der Papst schriftlich und durch seinen wiener Nuntius an ihn richtete,[5]) lediglich dazu bewegen, jetzt endlich am 20./30. December 1582 das Gutachten der Churfürsten einzufordern.[6])

Der eifrig katholische[7]) Johann VII von Trier äusserte sich ganz im päpstlichen Sinne. Dagegen meinte Churfürst Wolfgang von Mainz, der in kirchlicher Hinsicht eine vermittelnde Richtung einhielt und stets das Reichsinteresse voranstellte,[8]) dass der Kaiser den neuen Kalender

---

wel beeffende de welvaert ende dencht, die anyt dese reformatie staet te verwachten niet alleenlicken ten opsiene van de solemniteyten van de feesten van kerstdach, paesschen en andere veranderlicke feestdaeghen, die van nu vortaen sullen gheoeleheerert worden ten naesten, dat deselve zyn gheviert gheweest t'zedert t'beginsel der heiligher kercke, maer oock dat de saysoenen van den jaere midtsgaeders de equinoxien ende solsticien oft stillstant der sonnen sullen ghelickelicker commen te vallen, volgende den loop van der zonne, hebben by rypen advise . . . . gheordonneert" u. s. w. Placaets van Flandern, Gend 1629, II, 729. Am 16. Juni 1575 hatte ein kgl. Mandat bereits befohlen, von 1576 an das Jahr mit dem 1. Januar zu beginnen, während bisher in dieser Hinsicht in den Niederlanden sehr verschiedene Uebungen bestanden hätten. A. a. O. 727.

1) Kaltenbrunner 509. Durch einen wunderlichen lapsus calami schreibt er: „Um so mehr hatte Erzherzog Ferdinand zu leiden, zu dessen Gebiet die Sprengel von Trient und Augsburg gehörten." Es müsste heissen: dessen Gebiet teilweise zu den Sprengeln von Trient und Augsburg gehörte. Den Tag der Einführung in Trient gibt K. leider nicht an.

2) Dieser liess vom 13. auf den 24. Februar springen. Pl. Braun Bischöfe von Augsburg IV, 44 fg.

3) Vgl. Kaltenbrunner 506. Wilhelm wird dem Kaiser wol nur angezeigt haben, dass er und die ihm benachbarten Bischöfe sich verständigt hätten, den Kalender im Februar einzuführen; denn dass, wie K. angibt, die Bischöfe dem Kaiser durch Wilhelm hätten verkünden lassen, sie würden den Kalender einführen, wäre doch seltsam und ungebräuchlich gewesen.

4) Theiner III, 421.

5) A. a. O. 418 fg. und Kaltenbrunner 505.

6) Kaltenbrunner 506 fg., der auch im Weiteren, sofern nicht andere Quellen angegeben sind, benützt ist.

7) Vgl. über ihn Stieve Politik Baierns, Briefe und Acten IV, Register.

8) Vgl. über ihn a. a. O.

nicht einführen dürfe, wenn nicht sämmtliche Reichsstände ihre Zustimmung gäben, und dass er, um diese zu erlangen, einen Reichsdeputationstag ausschreiben möge.¹) Churfürst Gebhard Truchsess von Köln, der sich bereits für den Uebertritt zum Protestantismus entschieden und den Kampf um den Besitz des Erzstiftes begonnen hatte, scheint nicht befragt worden zu sein oder doch nicht geantwortet zu haben.

Auf protestantischer Seite hatte man sich schon vorher aus eigenem Antriebe mit der Kalenderfrage beschäftigt. Churfürst August von Sachsen befragte den Landgrafen Wilhelm IV von Hessen, welcher als Astronom und Mathematiker in grossem Ansehen stand,²) um sein Urteil.³) Wilhelm erwiderte darauf am 5/15. December 1582 geringschätzig, der neue Kalender werde wol von selbst in Rauch aufgehen, und er machte gegen dessen Annahme verschiedene Gründe geltend, vor allem den, dass die Protestanten dem Papste die Befugnis, ihnen in kirchlichen Dingen Befehle zu erteilen, nicht zugestehen und sich nicht aufs neue seiner Gewalt unterwerfen lassen dürften; er war der Ansicht, dass man, falls einmal eine Aenderung geschehen solle, durch das bereits oben⁴) erwähnte, weit kürzere und genauere Verfahren die Frühlingsgleiche auf dem 11. März festhalten möge.⁵) Dagegen stimmte ihm der braunschweiger Superintendent Martin Chemnitz, den er seinerseits zu Rate zog, am 18/28. December 1582 allerdings in seinem kirchlichen Bedenken bei, zeigte sich aber im übrigen der Annahme des neuen Kalenders sehr geneigt und betonte nachdrücklich, dass vor allem auf Erhaltung der Einigkeit Bedacht zu nehmen sei.⁶)

---

1) Das soll es ohne Zweifel bedeuten, wenn Kaltenbrunner p. 507 sagt: der Kaiser möge „eine Deputation zusammenkommen lassen". Bekanntlich war ja der Deputationstag eine ständige Reichseinrichtung und wurde berufen, wenn ein Reichstag zu umständlich schien.
2) Wolf Geschichte der Astronomie 260 fg.
3) Chytraeus Chronicon Saxoniae, ed. Lips. 1611, p. 712.
4) S. oben S. 8.
5) Das Gutachten Wilhelms ist ausser an der oben S. 16 Anm. 3 erwähnten Stelle schon bei Rasch s. Anhang N. 29 gedruckt worden.
6) Der Brief ist in N. 14 des Anhangs gedruckt. Chemnitz schliesst: „Aber das eine Bedenken E. fl. Gn. ist hochnotwendig und beilsam, weil der Churfürsten und Stände des Reichs Bedenken oder Votum hierin nicht ersucht, dass nicht per indiscretam acceptationem novi calendarii Gregoriani dem

Nicht minder hob dies der durch Gelehrsamkeit ausgezeichnete Professor der Mathematik und Astronomie zu Altorf, Johann Prätorius, in einem auf Befehl der obersten Regierungsbehörde Nürnbergs verfassten Gutachten vom 1/11. December 1582 hervor, obwol er bereits scharf darlegte, dass die Aenderung nur für die Katholiken notwendig sei.[1]) Auch ein anderes Gutachten, welches der churpfälzer Regierung zu Amberg vermutlich von dem Consistorium eines oberdeutschen Fürsten auf ihr Ansuchen erstattet wurde,[2]) fand zur Vermeidung verderblicher Zwietracht die Annahme des neuen Kalenders zulässig, falls die wissenschaftliche Begründung derselben vorgelegt und von deutschen Fachmännern gebilligt sowie die Freiheit der evangelischen Kirche gewahrt werde.

Ebensowenig verhielt sich Pfalzgraf Philipp Ludwig von Neuburg von vornherein ablehnend, als ihm Wilhelm von Baiern im Januar 1583 ankündigte, dass er den neuen Kalender im Februar einzuführen gedenke. Er ersuchte denselben nur, den Anschluss mehrerer Stände abzuwarten, und frug die Reichsstädte Augsburg und Regensburg, wie sie es zu halten gedächten, worauf in ersterer der Mathematiker Dr. Georg Henisch auf Anlass des Rates ein Gutachten erstattete, welches die Aenderung billigte, und der Rat mit Zustimmung der meisten evangelischen Mitglieder beschloss, sich nach den katholischen Nachbarn zu richten.[3])

Sehr entschieden wurde endlich die Beseitigung des unrichtigen julianischen Kalenders — wenn auch nicht auf dem gregorianischen Wege — und die Notwendigkeit einträchtigen Vorgehens mit den Ka-

---

Papst einige Gewalt, in unseren Kirchen etwas zu ändern, anzusetzen oder zu gebieten, directe oder oblique wiederum eingeräumt würde, und der Punct muss mit sonderlichem grossem Fleiss wol verwahret werden."

1) Das Schreiben ist gedruckt in Anhang N. 11. Die obigen Angaben über Urheber und Adressaten glaube ich in der Hist. Zeitschr. a. a. O. 133 erwiesen zu haben. Ueber Prätorius vgl. Wolf Gesch. d. Astr. 102 fg. und Register.

2) Es ist ebenfalls in Anhang N. 11 gedruckt. Ueber Ursprung und Adresse s. Hist. Zeitschr. 132 fg. Meine dort ausgesprochene Vermutung, dass das Gutachten in Gotha verfasst sei, muss ich zurücknehmen. Ich stützte sie darauf, dass die Verfasser von „unseren gnädigen Fürsten und Herrn" sprächen. Da liegt jedoch ein mir völlig unerklärliches Versehen von meiner Seite vor. Es heisst nämlich in Anhang N. 11 fol. 166b nur „unserm" u. s. w. Mithin können nicht die beiden Herzoge von Gotha gemeint sein, sondern es ist an einen anderen Fürsten in der Nachbarschaft der Oberpfalz und Neuburgs zu denken.

3) P. van Stetten Geschichte von Augsburg I, 659. Ueber Henisch s. das. 826.

tholiken in dem Gutachten des Mathematikers der churpfälzischen Schule zu Neustadt an der Hardt¹) befürwortet.

Allen diesen Protestanten war damals lediglich das in München gedruckte Kalenderbruchstück bekannt. Nicht mehr lag den Churfürsten von Brandenburg und Sachsen vor, als sie dem Kaiser antworteten. Johann Georg erklärte sich mit der Einführung des Kalenders vollkommen einverstanden und stellte nur die eine Bedingung, dass der Kaiser jenen in seinem eigenen Namen veröffentliche, damit die Aenderung nicht vom Papste ausgehe. Nachdrücklicher betonte August von Sachsen, dass das Ansehen und die Rechte des Kaisers und des Reiches gewahrt und Anmassungen des Papstes gegen diese zurückgewiesen werden müssten, doch zeigte auch er sich nicht gesonnen, den Kalender abzulehnen, und schlug wie Mainz vor, die Angelegenheit auf einem Deputationstage erörtern zu lassen.

Wir sehen, die Stimmung der deutschen Protestanten war dem neuen Kalender im Allgemeinen keineswegs ungünstig. Sogar einer der bedeutendsten Theologen, der sich durch seinen starren und unduldsamen Eifer für lutherische Rechtgläubigkeit auszeichnete, Chemnitz,²) hatte sich — und zwar sehr entschieden — für die Annahme ausgesprochen.

Die Aeusserungen der Churfürsten machten Rudolf II Mut. Da die Abhaltung des Deputationstages wegen der kölner Wirren nicht möglich war,³) zeigte er dem Churfürsten von Sachsen an, er werde die Einführung des neuen Kalenders für den nächsten October anordnen, dabei aber die Würde des Reiches genügend in Acht nehmen. Nun war es jedoch zu spät, denn den Protestanten war inzwischen die Einführungsbulle bekannt geworden.

Dass Gregor in dieser seine Aenderung mit dem Beschlusse des Concils von Trient begründete, dieses Concils, welches die evangelischen Lehren aufs schärfste verurteilt und mit zahllosen Bannflüchen belastet hatte und zu dessen blutiger Vollstreckung man die Päpste und Spanien sammt ihrem Anhange verschworen glaubte; dass er die Neuerung als

---

1) N. 2 des Anhangs p. 5 fg. Vgl. Hist. Ztschr. a. a. O. 132.
2) Vgl. über ihn Allgemeine deutsche Biographie s. v. und die dort angeführten Quellen.
3) Dies übersieht Kaltenbrunner 50⁶.

ein Reservatrecht des römischen Stuhles und als einen Teil der Brevierverbesserung bezeichnete; dass er ihr keinen anderen Zweck beimass als den, das Osterfest nach den Vorschriften alter Päpste und des nicänischen Concils zu begehen; dass er ihre Einführung kraft seiner Amtsgewalt befahl und dass er die Widerspänstigen mit dem Bann bedrohte, das Alles schien den Protestanten die Annahme zu verbieten, falls sie nicht durch diese stillschweigend das tridentiner Concil, die Verbindlichkeit des canonischen Rechtes und die kirchliche Obergewalt des Papstes anerkennen wollten.

Sofort äusserte sich Churfürst August in diesem Sinne[1]) und erklärte dem Kaiser, dass er sich dem angekündigten Befehle desselben nicht fügen werde, ehe er sich nicht mit seinen Glaubensgenossen verständigt habe. Letztere Bedingung war lediglich eine aus Rücksicht für den Kaiser beigefügte Verhüllung der unwiderruflichen Ablehnung. August wusste voraus, dass alle Protestanten sich wie er, der Mächtigste unter ihnen, entscheiden würden. Rückhaltlos schroff lautete dann die Ablehnung des Churfürsten Ludwig von der Pfalz, welche wol deshalb erst am 3/13. September 1583 erfolgte, weil er sich zunächst von dem heidelberger Professor der Mathematik, Michael Mästlin, der später in Tübingen Keplers Lehrer war,[2]) ein ausführliches Gutachten über den neuen Kalender geben liess, das er dem Kaiser zusandte.[3])

Nichtsdestoweniger ging Rudolf, durch das Drängen des Papstes und eifriger katholischer Reichsstände genötigt, weiter. Am 4/14. September 1583 forderte er die sämmtlichen Reichsstände auf, im October den neuen Kalender einzuführen. Um die Bedenken der Protestanten zu beseitigen, erwähnte er dabei den Papst und den kirchlichen Zweck der Aenderung mit keinem Worte[4]) und begründete diese ausschliesslich mit der Not-

---

1) Bei Kaltenbrunner S. 508 Zeile 17 von unten muss in dem Satze: „dass der Pabst nicht nur nicht die Haltung des Kalenders mandire," das sinnstörende zweite nicht wegfallen.
2) Vgl. über ihn Wolf Gesch. d. Astron. 282 und Register.
3) S. Anhang N. 5 und 11, und Kaltenbrunner 530 fg.
4) Um die Protestanten nicht zu reizen und die staatliche Hoheit zu wahren, hatte schon Wilhelm von Baiern bei der Veröffentlichung des Kalenderbruchstückes im Herbst 1582 nicht von dem Auftrage des tridentiner Concils gesprochen und betont, dass der Papst die Aenderung auf emsiges Anhalten des Kaisers und anderer christlichen Fürsten erfolgt sei. N. 8 des Anhangs S. 51.

wendigkeit, dass Deutschland des Handels und Verkehrs wegen mit den es umgebenden Staaten in der Zeitrechnung Gleichförmigkeit beobachten müsse. Die Verschickung dieser Aufforderungen wurde zum Teil durch den Widerstand gehindert, welchen die für dieselbe Zeit befohlene Einführung des Kalenders in Böhmen fand. Nach dessen Beseitigung erliess Rudolf am 18 28. December 1583 ein neues Ausschreiben, worin er anordnete, im Januar 1584 vom 6. auf den 17. zu springen.[1])
Seit letzterem Tage datierte er selbst nach dem neuen Kalender. Die katholischen Reichsstände richteten sich teils nach seinem ersten Ausschreiben, teils folgten sie allmählich nach.[2]) Am Reichskammergerichte wurden beide Kalender beobachtet.[3]) Die protestantischen Stände aber verhielten sich — ohne Zweifel nach vorgängiger Verständigung — sämmtlich ablehnend. Vergeblich verhandelte der Kaiser 1584 im Frühjahr auf dem Fürstentage zu Rotenburg a. T. mit den dort Anwesenden und im September mit einer Versammlung der Reichsstädte.[4]) Er erreichte nichts.

Vgl. Wiedemann Reformation u. s w. I. 431. Auch in der Vorrede zu N. 1 des Anhangs wird lediglich gesagt: „Nachdem aus hochnotwendigen Ursachen, der R. Ksl. Mt. sammt anderer fürnembsten christlichen Potentaten und Ständen Anhalten, auch mit derselben Wissen und Willen die Mängel und Irrtümer, so sich im gemeinen Kalender mit der Zeit in Haltung des hl. österlichen Festes und was demselben anhängig (wie solches den Gelehrten und mathematicis unverborgen) eingerissen, mit sondern Fleiss, Mühe und Unkosten corrigirt . . . sind," u. s w.
1) Kaltenbrunner 509 fg. Das Mandat des Kaisers vom 4/14. September bei Lünig Reichsarchiv t. III, Continuatio I, 316 und Spicilegium ecclesiasticum, Continuatio I, 298. Der entsprechende Einführungsbefehl für Oesterreich vom 1/11. October im Codex Austriacus I, 241. Bei Lünig Spicilegium a. a. O. 396 findet sich ferner ein Mandat vom 10. December für Schlesien, nach dem 6. Januar 1584 den 17. zu zählen; gleiche Befehle ergingen für Böhmen, Mähren und Lausitz. Worauf sich die Angabe bei Khevenhiller Annales Ferdinandei I. 246, der Kaiser habe am 10. December für das Reich und seine Erbländer befohlen, vom 14. auf den 25. December zu springen, stützt, ist mir unbekannt. Die Behauptung Theiners Annales eccl. III, 418, der Kaiser habe am 31. August die Einführung für den 10/21. October befohlen, ist offenbar eine der bei Theiner nicht seltenen Nachlässigkeiten.
2) Ich habe die Einführungstage, soweit es mir möglich war, in der Hist. Ztschr. a. a O. 135 fg. zusammengestellt.
3) Es verordnete am 14. Juni 1583, bei Beantragung von Processen nur den alten Kalender zu gebrauchen, bis der Kaiser und die Reichsstände anders bestimmen würden. Häberlin Neue Teutsche Reichsgeschichte XIII, 441. Von welchem Tage an es die beiden Kalender beobachtete, finde ich nicht.
4) Chytraeus Chronicon Saxoniae 741 und Häberlin XIII, 524. Die Reichsstädte hatten 1584 im Februar vereinbart, den neuen Kalender nicht anzunehmen, ehe es nicht von allen Reichsständen geschehe. A. a. O. 520.

Solchen Widerstand hatte er nicht erwartet und der entstehende Zwiespalt erweckte ihm schwere Sorge. Sein Bruder Ernst riet ihm, die Einführung des neuen Kalenders zu widerrufen.[1]) Das war ihm jedoch wegen der Katholiken und aus kirchlichen Rücksichten unmöglich. Er musste den Dingen ihren Lauf lassen und sich wie später sein Nachfolger auf neue Versuche, die Protestanten zum Anschlusse zu bewegen, beschränken.[2])

In den kaiserlichen Hauslanden gelang es Rudolf und seinen Brüdern, zum Teil allerdings nicht ohne Kämpfe, den Kalender auch bei den evangelischen Ständen und Unterthanen zur Anerkennung zu bringen.[3]) Im Reiche fügten sich ihm nur die Protestanten derjenigen Gebiete und Reichsstädte, deren Regierung katholisch war. Die unabhängigen betrachteten es als Glaubenssache, sich seiner zu erwehren, und mit der ganzen Leidenschaftlichkeit kirchlichen Hasses wurde er aus ihrer Mitte in Druckschriften bekämpft.

Schon 1583 war eine Reihe von solchen erschienen. Im nächsten Jahre wurden sie zu Heidelberg wie ein Manifest der Partei gemeinsam veröffentlicht. Andere folgten nach.[4]) Nebenher wurden aus besonderen Anlässen Gutachten und Erörterungen über die Zulässigkeit der Annahme des neuen Kalenders verfasst, welche nicht minder deutlich als jene Druckschriften die Stimmung und Anschauungen der Protestanten darlegen.

IV.

Ich beabsichtige nicht, die wissenschaftlichen Einwendungen, welche gegen die Richtigkeit des neuen Kalenders erhoben wurden, und die zu

---

1) Kaltenbrunner 513.
2) Vgl. Hist. Ztschr. a. a. O. 131. Ueber die Verhandlungen von 1603 und 1613 werde ich in meinen Veröffentlichungen für die Historische Commission nähere Nachrichten bringen.
3) Vgl. Kaltenbrunner 511 fg. Chlumecky Zierotin 124; Raupach Evangelisches Oesterreich IV, 44, VI. 153 fg. Pritz Geschichte des Landes ob der Ens 279. Wiedemann Reformation und Gegenreformation im Lande unter der Enns I, 432 fg. J. Zahn Der Kalenderstreit in Stelermark, Mittheilungen d. hist. Vereins f. St. XIII, 128 fg. Dimitz Geschichte Krains III, 105, Hermann Geschichte von Kärnten II, 184, Khevenhiller I, 320, K. A. Menzel N. Gesch. der Deutschen III, 54 Anm. 4. Fessler Geschichte von Ungarn, 2. Aufl. IV, 9. Ueber Oesterreich vgl. auch N. 29 des Anhangs.
4) Die mir bekannten verzeichne ich im Anhange.

ihrer Ablehnung vorgebrachten Ausführungen zu berichten.¹) Für die uns beschäftigende Seite des Kalenderstreites sind sie ohne Bedeutung und es genügt, zu erwähnen, dass die geringfügigen Ungenauigkeiten des neuen Kalenders, welche übrigens von Clavius und Clemens VIII rückhaltlos zugestanden wurden, sowie eine Reihe von anderen, mehr oder minder verständigen Ausstellungen der Gelehrten auch in weiteren Kreisen gegen die Annahme geltend gemacht wurden.²)

Die Gründe der Ablehnung, mit welchen wir uns eingehender zu beschäftigen haben, waren anderer Art.

Zunächst bestritt man, dass die Aenderung des julianischen Kalenders, dessen Fehler allgemein bekannt seien, ein Bedürfnis der Wissenschaft oder des öffentlichen Lebens bilde, und führte dabei nicht nur die oben³) erwähnten Gründe ins Feld, sondern bot sofort auch den dumpfen Aberglauben und die verbohrte Theologie der Zeit als Bundesgenossen auf. Es sei gar nicht zu fürchten, wurde gesagt, dass die Frühlingsgleiche

---

1) Vgl. über sie Kaltenbrunner 514 fg.

2) Sehr derb geschah dies durch Osiander in N. 7 des Anhangs fol. 91 b. Würde, bemerkt er, der Kalender an evangelischen Universitäten durch die Hechel gezogen, so würde sich gewiss noch viel grobes Werg, das nichts taugt, finden. „dann die Sachen so richtig mit diesem Kalender sein wie eines alten Bauern filzig Haar, darin einer wol neun Kämme verbrechen möchte, ehe er es richtig machte." Es kann wol geschehen, dass nach einigen Jahren ein anderer heiliger Geist daherfliegt und diesen heiligen Geist, der den gregorianischen Kalender canonisiert hat, reformiert. Bei den Päpsten ist es ja nicht selten, dass sie die Decrete ihrer Vorgänger verwerfen. Dieser Kalender wird gewiss nicht länger dauern, als Papst Gregor lebt.

3) S. S. 8 fg. Am geringschätzigsten sprach sich seltsamer Weise der Astronom Mästlin aus. So oft ich, sagt er in der Vorrede zu N. 5 des Anhangs, bei meinen Studien auf Auseinandersetzungen, dass die Aenderung des Kalenders nötig sei, traf, „hab ich mich allmal ob der kindischen Einfalt deren, so diese Materi auf die Bahn gebracht haben, verwundert, dass sie gleichwie die Kinder (welche, so sie in ihren studiis was Subtiles ergreifen, es für hohe Kunst halten, so doch einem verständigen Mann dasselbe auch nur Kinderwerk ist) sich mit diesen schlechten, heillosen Sachen bekümmern und darin ihre Kunst, gleich als ob's was Wichtigs wäre, erzeigen wollen und aber daneben, was mehr notwendig und nutzlich ist, wie die Kinder nicht verstehen noch achten. Aber die Schuld und Ursach schreib ich allweg derselben Zeit zu, in welcher die Künste noch nicht so bekannt, viel weniger so hoch gestiegen waren, wie sie durch Gottes Gnade jetzt kommen sind. Darum habe ich nicht vermeint, auch andern nicht gedenken können, denn es würden nunmehr alle mathematici (wie zwar solches bei den recht verständigen mathematicis als bei denen, welche in mathematicis nicht mehr Kinder sondern Männer sind, geschieht) zu dieser jetzigen glückseligen Zeit sich schämen, solche Aenderung des Kalenders weiter fortzutreiben." Nun aber kommt der Papst. Da ist es mit dem blossen Spott nicht mehr gethan. Ich will also zeigen, wie es mit der Sache steht. Die Neuerung ist zum Teil kindisch, zum Teil arglistig; sie ist unrichtig und eine Praktik gegen das reine Evangelium, u. s. w.

schliesslich auf Weihnachten falle, weil lange vorher der jüngste Tag Kalender und Welt in Feuer verzehren werde. Der Glaube an das nahe Bevorstehen des Weltendes war seit den Zeiten der Reformatoren und namentlich durch sie bei den Protestanten allgemein geworden und hatte sich auch bei den Katholiken eingebürgert. Die Redensart: „in diesen unseren letzten Tagen" und ähnliche Wendungen begegnen uns nicht nur in den Büchern der Theologen, sondern sogar im diplomatischen Briefwechsel und in amtlichen Actenstücken und Urkunden wie beispielshalber im bairischen Landrecht von 1616[1]) gleich Erwähnungen einer unbezweifelbar feststehenden Thatsache unzählige Mal und in eigenen Abhandlungen, namentlich aber in den so beliebten astrologischen „Praktiken" wurde immer wieder versucht, den Tag des Gerichtes festzustellen. So lag es denn nahe, die herrschende Ueberzeugung auch hier zu verwerten.

Es geschah gleich anfangs durch den Landgrafen Wilhelm, welcher versicherte, die Welt werde untergehen, ehe noch die Frühlingsgleiche bis in den Februar gewichen sei, wobei er überdies für seine Standesgenossen noch warnend bemerkte, dass „mutatio calendarii jeder Zeit grosse mutationes imperii gebracht" habe. Dann führte der wirtembergische Hofprediger Lucas Osiander aus,[2]) da die Nähe des Weltendes verständigen und schriftkundigen Christen über jeden Zweifel erhaben sei, hätte der Papst die Zeitrechnung während der noch übrigen, vielleicht wenigen Jahre wol im alten Stande lassen und sich die Mühe ersparen können, einen Kalender zu machen, der bis fünftausend oder noch mehr Jahre nach Christi Geburt, also bis etliche tausend Jahre nach dem jüngsten Tage hinausreiche. „Aber freilich," ruft er aus, „die Päpste sprechen mit dem bösen Knechte im Evangelium: Mein Herr kommt noch lange nicht, und deshalb haben sie auch längst angefangen, ihre Mitknechte zu schlagen, das heisst, reine Kirchendiener und Christen zu verbannen, zu hängen, zu köpfen, zu ertränken und zu verbrennen."[3])

---

[1]) Polizeiordnung IX. 1⁸.
[2]) N. 7 des Anhangs fol. 92 b fg.
[3]) In dem Gutachten für die amberger Regierung, welches oben S. 19 erwähnt wurde, heisst es: Der julianische Kalender „wäre auch hinfüro unseres Erachtens nicht unbillig zu behalten, sintemal uns aus Gottes Wort und andern Zeugnissen bewust ist, dass der jüngste Tag nahe vor der

Entsprechend äusserte sich 1584 der tübinger Kalendermacher Johann Schulin,[1] welcher meinte, die Welt könne, da eine herrliche, dem Propheten Elias zugeschriebene Prophezeiung ihr nur 6000 Jahre zugestehe, höchstens noch 413 Jahre erhalten bleiben, werde aber wahrscheinlich schon 1588 untergehen, wie ein Spruch verkünde, der von dem berühmten Astronomen Regiomontan[2] herrühren solle und laute:

> Tausend fünfhundert achtzig und acht,
> Das ist das Jahr, das ich betracht',
> Geht in dem die Welt nicht unter,
> So geschieht doch sonst gross merklich Wunder.[3]

Dieser — damals ungemein oft angeführte — Spruch stützte sich auf das im Jahre 1588 stattfindende Eintreten der sogenannten grossen Conjunction aller Planeten, mit welcher eine der astrologischen Epochen schloss.[4] Schulin fand ihn durch ein Prognosticon des Astrologen Cyprian Leovicius[5] und andere Zeichen bekräftigt. Dagegen verschob eine 1589 veröffentlichte Schrift[6] den Weltuntergang bis 1623, erachtete aber auch diesen Zeitraum für zu kurz, als dass sich die Kalenderänderung noch lohne.

Selbst ein so tüchtiger Astronom wie Mästlin trat in diese Erörterung

---

Thüre sei, an welchem diese gegenwärtige Welt mit aller Jahresrechnung ein Ende nehmen und der Sohn Gottes mit seiner letzten Zukunft ein neu, fröhlich Jubeljahr des ewigen Lebens herzubringen wird und anfangen." N. 11 d. A fol. 164 a.

1) Anhang N. 18, p. 14 fg.
2) Vgl. über ihn Wolf Gesch. d. Astr. 87 fg. u. Register.
3) Ein anderer Spruch, den N. 1 des Anhangs neben obigem anführt, lautete dagegen:
> Mille annis (verum)
> Hujusmodi non fuit coelum.
> Veteres dudum dixere,
> Hoc anno omnia lugere
> Mundi finem non habebis,
> Permutationem magnam videbis.

4) Sämmtliche Planeten kamen, indem Saturn und Jupiter das wässerige Dreieck, die Zeichen des Krebses, des Scorpions und der Fische verliessen, im feurigen Dreieck, den Zeichen des Widders, des Löwen und des Schützen zusammen. Diese Stellung sollten sie bei Erschaffung der Welt eingenommen haben und erreichten sie nur nach je achthundert Jahren wieder. Vgl. Sethi Calvisii Elenchus Calendarii Gregoriani 1612, A 2 fg.
5) Vgl. über ihn a. a. O. 303.
6) Anhang N. 29.

ein und verkündete gleich Schulin auf die Prophezeiung des Elias hin, deren Echtheit er freilich bezweifelte, dass die Welt spätestens nach 400 Jahren, vermutlich aber, da der Antichrist bereits offenbar geworden sei, noch eher untergehen werde.[1]) Der Verfasser des neuen Kalenders, bemerkt er,[2]) habe allerdings viel „Subtilität" angewendet, indes sei es offenbar nur geschehen, um mit seiner Klugheit zu prangen, denn ihren Nutzen solle jene meist erst viele hundert Jahre nach dem jüngsten Tage tragen. „Oder," fragt er höhnisch, „werden etwa Gott, die lieben Engel und wir nach dem jüngsten Tage in der ewigen Herrlichkeit diesen Kalender auch gebrauchen müssen, bis die 40000 Jahre abgelaufen sind, für welche er berechnet ist?" Dabei steigt Mästlin ein erschreckender Verdacht auf. „In dem ganzen scripto dieses Kalendarii Gregoriani," sagt er, „wird des jüngsten Tages niemals mit einem einzigen Wörtlein aufs wenigste gedacht. Hingegen aber heisst sein titulus: Kalendarium Gregorianum Perpetuum, dess Gregorii immerwährender oder ewiger Kalender. So auch Tabulae Perpetuae etc. Daraus möchte man schier Ursache nehmen, den Verfasser sammt dem Papste und Allen, die den Kalender billigen, zu verdenken, dass sie allesammt vom jüngsten Tage gar nichts halten und also weder nach Christus noch nach der Welt Ende fragen, ja auch weniger daran denken als die epicureischen Spötter, von welchen der Apostel Petrus (dessen Stuhles Erbe der Papst sein will) II Pet. 3 redet."[3])

Es war den Katholiken leicht diesen Hinweis auf das nahende Weltende hinfällig zu machen. Schon das neustädter Gutachten hatte ihn mit den von Mästlin selbst angezogenen Worten der Schrift, dass Niemand Zeit und Stunde wisse, abgelehnt,[4]) und ein anderer Protestant,

---

1) In N. 11 des Anhangs fol. 16 a fg
2) A. a. O. 60 b fg.
3) Auch die Bauernklage, Anhang N. 9, sagt: Der Papst wolle wol, damit er noch lange nicht vor Gottes Richterstuhl kommen dürfe, die Worte Christi zu Wasser machen, dass die Zeit um der Auserwählten willen abgekürzt werden solle; sein Kalender gebe ja zu verstehen, dass die Welt noch viele hundert Jahre bestehen werde. Zum Schlusse verkündet auch sie den jüngsten Tag als nahe bevorstehend, well alle Zeichen desselben erfüllt seien. Ketzereien, Aufruhr, Zwietracht, Hunger, Teuerung, Pestilenz und Verfolgung der Christen sind eingetreten; die Feindschaft wächst, die Liebe erkaltet, Ungerechtigkeit nimmt überhand; das Evangelium aber wird recht gelehrt. O Christe, zögere nicht lange mehr und erlöse uns aus des Papstes Tyrannei!
4) N 2 des Anhangs p. 10. Auch er, sagt der Verfasser, glaube, dass man in den letzten

der Kantor an der Thomasschule zu Leipzig, Seth Kallwitz,[1]) bemerkte, dass man aus demselben Grunde auch aufhören müsse, Häuser zu bauen, Weinberge anzulegen und Bäume zu pflanzen.[2]) Den übrigen Einwendungen wider die Notwendigkeit der Aenderung konnten die Anhänger des Papstes freilich die Berechtigung nicht absprechen und sie beriefen sich daher zu deren Abschwächung nur auf die Fehlerhaftigkeit des alten Kalenders, das uralte Verlangen nach Abstellung dieser und die Zweckmässigkeit einer unveränderlichen Jahresrechnung.[3])

V.

An zweiter Stelle machten die Protestanten die Nachteile geltend, welche die Auslassung von zehn Tagen verursachen werde. Eine ungemeine Verwirrung müsse in allen Handlungen des bürgerlichen und öffentlichen Lebens, welche an bestimmte Kalendertage geknüpft seien, im Geschäftsleben und im Gerichtswesen entstehen. Die Angaben der Geschichtswerke und Chronologen und die astronomischen Tafeln und Berechnungen würden unbrauchbar sein. Zinsen und Schulden müssten zehn Tage eher bezahlt, die Zehnten zu einer Zeit entrichtet werden, wo die Früchte noch auf dem Felde standen, und diese wie andere Erzeugnisse könnten nicht mehr auf die nun zu früh fallenden Jahrmärkte gebracht werden, wo die Einen sie zu verkaufen, die Anderen sich mit ihnen zu versehen gewohnt seien. Allerdings könne man, wie der Papst das in seiner Bulle vorschreibe, die Richter anweisen bei Zahlungen und Leistungen zehn weitere Tage zuzugestehen, aber der arme gemeine Mann wage und vermöge nicht immer einen Process anzustrengen.[4])

Zeiten sei, aber daraus folge nicht, dass der jüngste Tag in ein, zwei, drei hundert Jahren kommen müsse, denn was uns tausend Jahre, sei bei Gott ein Tag.

1) Vgl. Wolf Gesch. d. Astron. 317.
2) Sethi Calvisii Elenchus Calendarii Gregoriani ..... editus opera Davidis Origani, Francofurti March. 1612, fol. C3.
3) Fabricius bei Kaltenbrunner 531. Rasch in N. 29 des Anhangs, fol. 14 fg., wo er von Cyrill von Alexandrien beginnend die aufzählt, welche die Fehler des kirchlichen Kalenders rügten.
4) Gutachten des Landgrf. Wilhelm von Hessen; Mästlin in N. 11 des Anhangs fol. 18a fg. Plieninger N. 8, p. 37.

Dass alle diese allerdings empfindlichen Beschwerden zum Teil an sich nur vorübergehende seien, zum Teil bei gutem Willen und einträchtigem Zusammenwirken beseitigt werden könnten, wollte man nicht sehen, obgleich schon Chemnitz[1]) bemerkt hatte, dass der neue Kalender nach Vollzug der einmaligen Auslassung ausser in der Osterfeier keine Aenderung der Kalendertage bedinge und mithin bei allseitiger Annahme keine dauernde Verwirrung veranlassen könne.

Insbesondere wurde die Verschiebung der Festtage benutzt, um die Bauern gegen den neuen Kalender einzunehmen. Eine in vierfüssigen, zweizeilig gereimten Jamben abgefasste „Bauernklage"[2]) liess 1584 die Bauern sagen: Wir wissen nicht mehr, wann wir ackern und säen sollen, denn du, Papst, hast uns durch deinen Kalender alle Lostage[3]) verkehrt. Wir müssen die Gülten und Renten entrichten, ehe die Früchte reif sind. Kein Krämer und Bauer kann wissen, wann ein Kirchtag ist. Jene kommen zu uns, wir zu den Märkten zu spät. Die Arzneiwurzeln werden nicht mehr rechtzeitig gegraben. Die Pfaffen wollen uns zwingen, das Obst unreif abzunehmen. Wir wissen nicht mehr den kürzesten noch den längsten Tag. Der Sonnenschein soll sich nach deinem Kalender richten. Alle Feste hast du früher gelegt. Gewiss wird dein Gott mit dir auch zehn Tage früher das jüngste Gericht halten, weil du die Kirche gespalten hast.

Sogar die Tiere mussten in den Kampf eintreten. Das Lied lässt sie klagen, dass sie nicht mehr ihre rechte Brunstzeit kennten und die Vögel nicht mehr wüssten, wann sie sich paaren und nisten und wann sie mit ihrem Gesange aufhören und wegziehen sollten.

Dieselben Gedanken wiederholte ein „Kalenderlied"[4]) von 1585, welches beginnt:

„Dem Papst ist der Kompass verruckt,
Die Nasen hat er krumm gedrückt
Und mit dem Hintern hat's ersehen,
Dass nit recht seine Heil'gen stehen.

---

1) N. 14 des Anhangs fol. 3 b.
2) N. 9 des Anhangs.
3) S. S. 9. Die Klage zählt alle Bauernlostage auf.
4) N. 22 des Anhangs.

> Es dünkt ihm frei,
> Von Nöten sei,
> Dass man mach' ein Kalender neu.
>
> Ein Kalender hat neu betracht,
> Die Bauern damit irr gemacht.
> Es thut ihn weh under dem Hut,
> Dass nimmer ist ihr Praktik gut.
> Es dünkt mich frei,
> Von Nöten sei,
> Dass er auch mach' ein Praktik neu.
>
> Kann er die Leut zwingen mit G'walt,
> Dass man sein neu'n Kalender halt,
> So zwing' er auch die Tier dazu,
> Dass jedes seinen Willen thu
> Sie meinen frei,
> Nit not es sei,
> Das Alt ihn g'fällt und nit das Neu'."

Dann wird versichert, der Bär bleibe bis zur alten Lichtmess in seiner Höhle, der Storch komme mit dem alten Peter, der Kuckuck rufe mit dem alten Hans, der Hirsch springe am alten Ilgentag in die Brunst u. s. w., die päpstischen Bauern aber, die man mit Gewalt zum neuen Kalender zwinge, klagten sehr und richteten sich mit ihrer Arbeit nach dem alten.

Auf die Bauernklage antwortete 1585 ein katholischer „Bauernratschlag"[1]) in ebenso schlechten Versen und ebenso witzlos, aber verständiger, nachdem er eine Geschichte der Kalenderänderung vom Nicänum an gegeben, Namens der Bauern: Du, Verfasser der Bauernklage, schiebst uns die Beschwerden gegen den Papst zu. Wir aber hüten uns wol, dass uns nicht wieder wie im Bauernkrieg ein Wahn betrüge. Der Papst hat die Zeit weder abgekürzt noch geändert. Das heisst vielmehr die Zeit verkehren, dass, statt die vom uralten Gott gesetzten Feste zu halten und die Fasten zu beobachten, jetzt alle ihre Ordnung vernichtet ist und alle Laster gemein sind. Wir achten für säen, pflanzen und graben nur auf die Tageslänge, das Wetter und die Landesart. Käme

---

1) N. 21 des Anhangs.

es auf die Lostage an, so wären unsere Vorfahren schlimm daran gewesen, als jene stets zurückwichen. Nicht die Heiligen, sondern die Gestirne machen das Wetter. Meinst du, die Loostage stimmten jetzt gerade mit der Natur überein, so nimm statt der bisherigen Heiligen solche, deren Feste zehn Tage später treffen, und

> „Hättest derselben noch nicht gnug,
> Ein g'wisses rieten wir mit Fug:
> Magst die Philosophie durchgründen
> Der alten Weiber, so wirst's finden;
> Hab' wol auf Gäns und Enten Acht,
> Die Mucken und Flöhe auch betracht."

Die Gülten konnten doch unsere Vorfahren entrichten, als die Tage noch fast so lagen, wie es jetzt wieder angeordnet ist. Auch treffen ja die Ernten je nach der Witterung sehr verschieden und im schlimmsten Falle wird man uns schon Aufschub geben. Die Jahrmärkte sind allerdings verkehrt worden, es wäre aber keine Unordnung entstanden, wenn man den neuen Kalender allgemein angenommen hätte, und man kann sie ja, wie oft geschehen, verlegen.

Was die Tiere angeht, führt die Dichtung dann fort, so wollten wir Bauern ihnen erst gestatten, sich noch viele Jahre nach dem alten Kalender zu richten, dann aber beschlossen wir, sie zu ersuchen, dass sie den Kalender halten möchten, wie ihn einst die Römer und jetzt wieder der Papst geordnet. Da antwortete uns die Kuh, sie wisse ohne Kalender zu berechnen, wann sie sich zum Stiere gesellen müsse, und die Vögel sagten: Wir richten uns lediglich nach dem Himmel; in Deutschland, Welschland, der Türkei, dem Mohrenlande, Indien, Amerika und der Tartarei finden wir vielerlei Kalender; sie alle kümmern uns nicht;

> „Doch wissen unter uns die Alten,
> Dass man vor Zeiten hat gehalten
> In dem Land, das heisset Christenheit,
> Ein' bessere Einhelligkeit "

Nach dieser Mahnung, die aus dem wüsten Hader der kirchlichen Parteien wolthuend zu uns herüberklingt, schliesst dann das Lied: Auf die Antwort der Tiere hin hielten wir Bauern wieder Rat und fanden nun, wovon jene sprachen, nämlich den längsten und kürzesten Tag. Meinst du wirklich, wir Bauern wüssten nicht, wann die jetzt treffen? Mahnt uns doch alles an sie und zeigen sie uns doch auch die Tiere an. Kannst du's nicht merken, so achte auf die längste Nacht, dabei ist auch der kürzeste Tag und umgekehrt.

Vernünftig und schlagend wurde auch in anderen Schriften dargethan, dass die Auslassung der zehn Tage dem bürgerlichen Leben nicht dauernden Nachteil bereiten könne, wenn sie allseitig durchgeführt werde.[1]) Eifrige Katholiken empfanden indes das Bedürfnis, auch durch die Natur die Richtigkeit des päpstlichen Kalenders bestätigen zu lassen. So erzählt Johann Rasch[2]) 1590: „Man spricht insgemein, an S. Vincenzen Tag heiraten jährlich die Vögel zusammen. Obwol das Vielen ein Gelächter sein und abenteuerlich gedünken will, so gebe es doch der Augenschein, sagen die Leute. Als daher etliche heuer und früher mit Fleiss darauf Acht gehabt, haben sie gesehen und befunden, dass die Vögel sich paarweis gesellet und zusammengestanden an S. Vincenzen Tag nach dem neuen, nicht mehr nach dem alten Kalender.[3]) Katholische Vögel, verständiger als manch grober, stutziger Mensch! Die heiraten auf dem Kirchtag zusammen und halten den Neukalender ehrsam."

Ganz besondere Freude bereitete den Anhängern des Papstes ein Nussbaum, über welchen 1584 der Brief eines Unbekannten an den Pfarrer zu Nikolsburg in Mähren veröffentlicht wurde.[4]) Als ich nach Graz kam, berichtet der Verfasser — offenbar ein vornehmer Mann — erzählte mir Erzherzog Karl, zu Campo longo in Friaul, drei Meilen von Görz, sei ein Nussbaum, der stets bis in der Nacht vor Johanni dürr bleibe, dann aber plötzlich Blätter, Blüten und kleine Nüsse, welche

---

1) Fabricius bei Kaltenbrunner 542. Rasch N. 29 d. Anhangs fol. 31 fg. Hornstein N. 32 fol. 7 fg.

2) N. 29 des Anhangs. Ueber den Verfasser vgl. dort und N. 16, 17 und 25. Er wird wol derselbe sein, von welchem Zedler Universallexicon s. v. angibt, er habe 1572 etliche lateinische Weihnachts-, Oster- und andere Gesänge für vier und mehr Stimmen zu München in Druck gegeben.

3) Die Stelle ist fast wörtlich aus N. 12 des Anhanges entnommen.

4) S. N. 12 des Anhanges. Als Grund der Veröffentlichung wird dort angegeben, dass Wunder bestätige, dass die Kalenderänderung nützlich und Gottes Willen und Werk sei, dass wir Christen gehorsame Schäflein des obersten Hirten sein sollen und dass der Kalender die wahren Loostage nicht verrücke.

mit den anderen reif würden, treibe. So habe er es stets und noch
1582 nach dem alten Kalender gethan. Nachdem aber in Friaul im
October 1582 der neue Kalender eingeführt worden, habe er 1583
diesem gemäss sein Wunder verrichtet. Das habe dem Erzherzog der
Nuntius gemeldet. Viele reisten hin. Auch ich machte mich auf den
Weg. Als ich zum Bischofe von Laibach [1]) kam, berichtete ein dort
anwesender Adlicher aus Görz, Fortunat Cetha, der Richter zu Görz,
Matthias Scherer, den man auf mehr als 40000 Ducaten Vermögen schätze,
habe eigens einen Mann zu Johanni nach Campolongo geschickt und
dieser habe den Baum am Vorabende dürr, am Festtage mit Blättern,
Blüten und Früchten geschmückt gefunden; von ihm mitgebrachte Zweige
habe der Richter dem Erzpriester und vielen Vornehmen zu Görz gezeigt.
Richter und Erzpriester bestätigten mir dann selbst das Alles und ebenso
die Bauern von Campolongo, wohin ich mit dem Richter und dem zu
Johanni von ihm Abgeschickten ging. Ich habe heute einen am Johannistage gebrochenen Zweig an Herrn von Dietrichstein [2]) geschickt,
der ihn ohne Zweifel dem Kaiser zeigen wird. Einen anderen will ich
mit nach Rom nehmen und dem Papste zeigen. Auch den Bischöfen
von Olmütz und Wien schicke ich welche. Der Baum hat sich also nach
dem Papste und der katholischen Kirche gerichtet und „habe ich Ew. Ehrw.
diese neue Zeitung darum zuschreiben wollen, damit Sie Gottes Wunder
vernehmen und erkennen, dass mit der Zeit die unvernünftigen Bäume
verständiger und der Kirchen Gottes zu gehorsamen, geneigter und williger werden als die vernünftigen, unsere Ketzer".

Wir sehen aus diesem Berichte, in welch hohen Kreisen man dem
frommen Verhalten des Nussbaumes Aufmerksamkeit schenkte. Sogar
der Jesuit Maffei, welcher die Geschichte Gregors XIII bald nach dessen
Tode schrieb, gedenkt des Baumes und versichert, dass des Papstes
Zweifel durch das Zeugnis des Nuntius Malaspina beseitigt worden seien.
Er weiss zugleich noch von anderen, nicht minder belehrenden Wundern
zu melden, die sich fern in Siebenbürgen zugetragen. Als ein Mann,
erzählt er, an einem nach dem neuen Kalender verbotenen Tage ge-

---

1) Johann Tautscher, ein eifriger Förderer der Restauration. Valvasor Krain II, 667.
2) Ohne Zweifel der Obersthofmeister Rudolfs II, Freiherr Adam von Dietrichstein.

heiratet habe, sei sein Bruder am nächsten Tage gestorben und er selbst mit seiner Frau in so heftigen Streit gerathen, dass sie ihm davon gelaufen; ein anderer Mann sei wegen des gleichen Vergehens flugs vom Teufel besessen und mehrere Tage gequält worden, und dem Leibarzte des Woiwoden Siegmund Bathori Dr. Blandrata, einem „Häuptling der Arianer", sei zu seinem Staunen das Zipperlein, welches ihn seit vielen Jahren stets von Weihnachten bis Lichtmess befallen habe, nach dem neuen Kalender gekommen.[1])

Solchen Geschichtchen gegenüber hat eine neue vermehrte Ausgabe der Bauernklage[2]) den Papst, doch auch den deutschen Pflanzen und Tieren gleichen Verstand wie dem Nussbaum von Campolongo und jenen Vögeln, die sich nach dem neuen Kalender gepaart, zu verleihen, wies aber zugleich triumphierend darauf hin, dass in der letzten Christnacht nach neuer Rechnung die Salzpfanne zu Hall im Inntal sich nicht habe umstellen lassen und die Rose von Jericho nicht aufgeblüht sei. Da der Papst der irdische Gott sei, möge er beiden doch Gehorsam befehlen und den Bauern eine neue Praktik für die Witterung bis zum jüngsten Tage machen, der ja nicht mehr fern sein könne. Ein anderes Lied[3]) wusste zu berichten, dass über Bieberach, als es letzthin Pfingsten nach dem neuen Kalender gehalten, ein schreckliches Gewitter losgebrochen sei und ein Blitz die Kirche getroffen habe, in Folge wovon der Turm und die Kanzlei abgebrannt und dreissig Leute geschädigt oder getötet seien.

Die Auslassung der zehn Tage gab übrigens zu seltsamen Missverständnissen Anlass. Sogar Chemnitz bemerkt, nach eingelaufenen Zeitungen sei zu Riga beinahe ein Aufruhr entstanden, als der erste Sonntag nach dem neuen Kalender an einem Mittwoch des bisherigen gehalten worden.[4]) Der gemeine Mann meinte, die zehn Tage würden ihm aus

---

1) G. Maffei Annali di Gregorio XIII ed. C. Coquellnes 1742. II, 337 fg
2) N. 10 des Anhangs.
3) N. 19 des Anhangs
4) N. 14 des Anhangs fol. 2a. Ueber die Wirren, welche die Einführung des Kalenders in Riga veranlasste, findet sich Einiges bei Dresser Sächsisches Chronicon 719 und 731. Die Schrift von Benjamin Bergmann Die Kalenderunruhen in Riga in den Jahren 1585 bis 1590, Leipzig 1806, war mir nicht zugänglich.

seinem Leben genommen.¹) Auch in Belgien zeigte sich diese Auffassung, wie ein sie verspottendes Gedicht des flandrischen Jesuiten Angelinus Gazaeus bekundet.²) Osiander schämte sich nicht, sie zu plumpen Witzen auszubeuten. „Papst Gregorius," sagt er,³) „und diejenigen, so diese grosse Kunst erfunden, wären wol wert gewesen, dass man ihnen die zehn Tage, so sie auf einmal aus dem Jahr herausgenommen, nichts weder zu essen noch zu trinken gegeben hätte, denn, weil sie dieselben zehn Tage aus der Welt verloren, hätten sie auch daran weder Essens noch Trinkens bedurft. Und mag der Papst Gregorius zusehen, wie er sich mit den lieben zehn Heiligen, welche er im verschienenen zweiundachtzigsten Jahre mit Verwerfung der zehn Tage ihrer Verehrung beraubt hat, vergleiche, damit sie nicht im Himmel den Riegel inwendig vorstossen, wann er etwa über eine Zeit lang hineinwollte, dann es möchten alsdann seine Schlüssel nicht aufschliessen und möchte ihn der Teufel hiezwischen vor dem Himmel hinwegführen."

Vor allem wurde natürlich auf die Verwirrung, die Nachteile und den Zwiespalt hingewiesen, welche dadurch entstehen mussten, dass die Katholiken den neuen Kalender annahmen, während die Protestanten den alten bewahrten. Wir kommen darauf in anderem Zusammenhange zurück. Hier sei nur eines Liedes gedacht, welches allerdings nicht eigentlich den Kalenderstreit zum Gegenstande hat, indes doch von ihm ausgeht und für die Geistesarmut der Zeit bezeichnend ist. Es ist „der Weiberkrieg wider den Papst, darum, dass er zehn Tage aus dem Kalender gestohlen hat." welcher 1590 erschien.⁴)

In holperigen, vierfüssigen, gereimten Jamben erzählt der Verfasser: Als ich einst in Gedanken über die Ursachen der jetzigen Widerwärtigkeiten einschlief, erschien mir der Engel Genius und führte mich in den Himmelssaal. Dort sah ich eine grosse Schar aus allen Nationen, welche von Arithmetik und Astronomie disputierten. Auf meine Frage, was das bedeute, erwiderte der Genius: „Siehst Du nicht vor dem Saal des

---

1) Rasch in N. 29 des Anhangs fol. 20; gar Viele, sagt er, seien darüber sehr bekümmert.
2) A. Gazaeus Pia Hilaria. Antwerpiae 1629, p. 79 fg.
3) N. 11 des Anhangs fol. 02 a fg.
4) N. 30 des Anhangs. Vgl. den Auszug bei Kaltenbrunner S. 529. Man sollte meinen, dass dieser eine ganz andere Schrift vor Augen gehabt habe.

Papstes Mönche und Pfaffen, Prälaten, Nonnen und Affen, die uns zehn Tage aus dem alten Almanach gestohlen haben? Jene Streitenden forschen nach, ob das auch recht sei und wem sie sich anschliessen sollen. Das ganze Männergeschlecht ist durch die Aenderung in Aufruhr und Uneinigkeit gebracht." Ich frug, was denn diese die Männer angehe? Der Genius erwiderte: „Die Weiber herrschen das ganze Jahr über die Männer ausser in der Marterwoche. Will einer auch sonst mitregieren, so muss er seine Frau schön geputzt auf den Markt, in die Stadt, zur Kindtaufe oder ins Bad schicken oder sie aus dem Fenster sehen lassen. Durch die Kalenderänderung sind nun zwei Marterwochen entstanden. Das wollen die Weiber nicht dulden." Ich frug, ob denn die Weiber im Glauben einig seien? „O nein," sagte der Genius, „die einen sind lutherisch, die anderen papistisch," und als ich bemerkte, da werde es viel Streit geben, fuhr er fort: „Binnen kurzem wird des Papstes Religion untergehen und in Ewigkeit verdammt sein. Die Pfaffen sind sehr auf dem Irrwege, dass sie nicht heiraten. Nach Gottes Wort soll Jeder in die Ehe treten, nicht aber mit Huren haushalten.

„Ob gleich ein Eheweib an dem End'
Will han im Haus das Regiment,
So ist's doch besser an dem Ort,
Dann in der Höllen leiden dort
Ewige Pein und grosse Qual,
Höllische Marter ohne Zahl.
Solches wehret in Ewigkeit,
Diss aber hie ein kleine Zeit."

Die Weiber, versicherte der Genius, werden den Papst und seine Rotte bald angreifen. Gleich darauf entstand im Saale grosses Getöse. Von den Männern klagte der Eine dem Andern, wie er zu Hause von seiner Frau geplagt werde. Der Eine sagte, dass er jetzt heim müsse, um Haus und Hof zu kehren, damit seine Frau, wenn sie ausgehe, sich nicht die Kleider beschmutze; der Andere, dass er Stuben, Wände, Tische, Bänke und Trinkgeschirre putzen, sowie kochen und waschen müsse; inzwischen vernasche sein Weib Hab und Gut; was er an einem Tage verdiene, vergeude sie in einer Stunde und er müsse sie doch obendrein noch Gnädige Frau nennen; saufe sie sich voll, müsse er aus dem Hause

laufen, wenn er nicht mit Faust und Knittel geprügelt werden, das
Haus mit dem Hintern anschauen und die Frau allewcil zum Prediger
haben wolle. Bei dieser Klage erwachte ich. Gott wird hoffentlich noch
Mann und Weib vereinen, dass es keinen Streit mehr gibt.

Das geschmacklose Machwerk bietet ein Beispiel von den faden
Scherzen, zu welchen der neue Kalender damals oft genug im Volke
Anlass geben mochte.[1]

VI.

Unter den ernsten Gründen gegen seine Annahme begegnet uns in
der Mehrzahl der Schriften die Ausführung, dass die Befugnis zur Aenderung nicht dem Papste, sondern der weltlichen Obrigkeit zustehe. Der
Churfürst von Sachsen hatte sich schon in seinem ersten Gutachten[2]
über den Kalender sehr eingehend in diesem Sinne ausgesprochen und
man konnte sich hier auf Luther berufen, dessen Ansehen, wie gleich zu
erwähnen, ebenfalls wider die Neuerung verwertet wurde.

Sehr bitter tadelte man es dabei, dass der Papst ohne Vorwissen
und Einwilligung der deutschen Protestanten vorgegangen sei. Haben
auch, sagte Landgraf Wilhelm von Hessen, Italien, Spanien und vielleicht
Polen den neuen Kalender angenommen, so wissen wir doch nicht, ob
deshalb wir Deutschen „penes quos imperium est, gleichfalls dem nächsten einwilligen sollen, sonderlich weil unser Rat und Bedenken darüber
nicht erfordert" worden. Es ist „autoritas imperii allwol hierunter in
Acht zu haben, ne qui aliis nationibus hactenus leges dedimus, ab iisdem
non sine omine accipere videamus." Dieser Imperatorenstolz entsprach
freilich nicht mehr der Machtstellung, welche das zersplitterte Reich
einnahm. Berechtigter war es, wenn man sich auf die wissenschaftlichen
Leistungen der Deutschen in der Astronomie berief.

So geschah es in dem Gutachten von Neustadt an der Hardt.[3] Es

---

[1] Vgl. was Wolf Gesch. d. Astron. 332 aus mir unbekannter Quelle anführt. Rasch berichtet in N. 29 des Anhangs fol. 19 fg., im Volke sage man, der Papst habe allen Ländern, die
seinen Kalender nicht annehmen würden, gedroht, zu machen, dass auf einen Sommer zwei Winter
kämen.

[2] S. oben S. 20.

[3] N. 2 des Anhangs, p. 10.

lässt sich, heisst es dort, „mit dieser plötzlichen, unordentlichen Reformation ansehen, als wenn der Papst die deutschen Ketzer nicht wert geachtet hätte, sie bei Anstellung und Förderung dieses gemeinen Werkes um Rat zu fragen, wie es seine Vorfahren gethan, die an die deutschen Fürsten und Universitäten geschrieben und von ihnen ihr Bedenken in diesem Handel begehrt haben, auch bei Pön des Ungehorsams und Bannes. Und sind bei diesem Ratschlag allemal die vornehmsten Cardinäle und anderen gelehrten Männer Deutsche gewesen, von denen die Walen, was sie in diesem Handel wissen und fürgeben, gelernt haben."

Noch schärfer geisselt Mästlin des Papstes Verfahren. Sixtus IV, sagt er,[1]) hat Regiomontan zur Kalenderverbesserung berufen, Leo X das Gutachten der Universitäten eingefordert und zwar nicht, wie es in seiner Macht gestanden hätte, selbst, sondern durch den Kaiser. Gregor XIII aber hat nichts dergleichen gethan und beim Reichstage von 1582 weder von seinem schon im Februar beschlossenen Vorhaben Anzeige gemacht noch die Einwilligung des Reiches nachgesucht. Ehe dann noch ein Monat seit dem Reichstagsschlusse verflossen war, wurde ein Kalenderbruchstück nach des Papstes Verbesserung in Deutschland verbreitet und sofortige Annahme gefordert. Die Gründe der Aenderung und die Regeln, wie es im nächsten Jahre zu halten, wurden dabei nicht angegeben. Hintennach erschien das Kalendarium Gregorianum perpetuum, ein Tractätchen, welches die Ursachen und die Art der Aenderung nicht anzeigt, sondern nur den Gebrauch erläutert. Zugleich wurde die Einführungsbulle bekannt gemacht. Dann folgte eine neue Bulle vom 7. November 1582, den Kalender spätestens im Februar 1583 anzunehmen, mit dem Zusatze, dass keine Entschuldigung statthaben solle. Ich kann das nicht anders verstehen, als dass der Papst das ganze römische Reich und namentlich Deutschland äffen will. Wozu sonst dies Verschweigen und Uebereilen? „Wie könnte man das anders verstehen, als dass er versuchen will, ob die Deutschen noch so albern sind, wie derselben Etliche etwa gewesen, dass sie für göttliche Heiligtümer alles das gehalten haben, was ihnen im Namen des Papstes vorgehalten worden ist? Weil er ihnen erstlich ein zerstückeltes Fragment, so am Wege nicht wert wäre, auf-

---

1) N. 11 des Anhangs, fol. 44 fg.

zuheben, zukommen lässt, danach ein Tractätlein oder Büchlein ausfliegen lässt, worin doch kein Grund, keine hypotheses, keine observationes, keine Ursachen, daran man doch aufs wenigste möchte häbig sein, angezeigt worden, ausser allein der Donnerklapp seines Baunes, welchen er auch bald mit einem neuen Donnerklapp bekräftigt wider alle diejenigen, so auf sein blosses und eitles Begehren und Gebot nicht mit hoher Ehrerbietung diese Reformation aufnehmen. Oder aber er meint, es habe Deutschland keine so gelehrten Leute, welche sich hierauf verstehen können, darum werde es nicht taugen, dass man ihnen die Ursache und den Grund solchen Werkes zu erkennen gebe. Und besonders erscheint hieraus, dass der Papst solchen seinen foetum (ne dicam foetorem) gern vorher allenthalben in den Gang brächte, ehe man seinen Grund erlernen und wissen möchte, damit nicht die Gelehrten ihm zuvor nachrechneten und etwa erkundeten, dass diese Correction ebenso falsch und irrig wäre als der uncorrigierte Kalender. Wann er aber schon angenommen wäre, ehe man's inne würde, so dürfte man ihn nachmals ohne Zweifel Scham halber nicht abthun. Aber es soll seiner Heillosigkeit (oder sollte sagen, Heiligkeit) allhier nicht geraten, dann, ob er schon seine Kunst in diesem Werk gar verschlagen und verborgen hat, so findet man dennoch bei uns, Gottlob, noch so gelehrte Leute, die aus dem Grunde ihm nachrechnen und finden können, worauf er seinen Grund gesetzt hat." [1]

Derartige Vorwürfe vermochten die Katholiken nicht abzulehnen. Sie unterliessen indes nicht, zu erwähnen, dass der Papst verschiedene Universitäten befragt habe, und wie dies schon Herzog Wilhelm von Baiern gethan hatte, behaupteten auch verschiedene Schriften, dass der Kalender auf Anmahnen und mit Vorwissen des Kaisers und anderer christlichen Fürsten geändert sei. [2] Die Berechtigung des Papstes aber suchte man wiederholt durch den geschichtlichen Nachweis zu begründen, dass stets die kirchlichen Behörden den Kalender festgestellt

---

[1] Auch das Bedenken für die amberger Regierung enthält ähnliche Ausführungen. N. 11 des Anhangs fol. 164 fg.

[2] Vgl. oben S. 21 Anm. 4 und N. 12 des Anhangs fol. 2b, N. 17 fol. 10, N. 29 fol. 18 fg., N. 32 fol. 14.

hätten und auch Cäsar den seinen nicht als Kaiser sondern als Pontifex maximus geschaffen habe.[1])

VII.

Die verwundbarste Stelle der gregorianischen Schöpfung war natürlich auch vom kirchlichen Standpunkte aus die Rückverlegung der Frühlingsgleiche auf den 21. März.

Osiander ging dagegen mit seinem flegelhaften und salzlosen Spotte an. Es sei nur loser Schein, sagt er,[2]) wenn der Papst als seine Absicht ausgebe, dass das Osterfest gemäss dem Nicänum auf den rechten Tag fallen solle, und er begründet diese Behauptung, indem er, ausserordentliche Unwissenheit verratend oder heuchelnd, fortfährt: Auch nach dem neuen Kalender fällt 1583 das Fest auf denselben Tag wie nach dem alten, was nicht geschehen könnte, „da in dem alten Kalender um so viel Tag sollte gefehlt sein." Dem nicänischen Council war es auch gar nicht um die astronomische Richtigkeit der Osterfeier zu thun, sondern darum, dass sie nicht am selben Tage mit den Juden begangen und dass die Verwirrung beseitigt werde. „Darum bedeckt Papst Gregorius sich und seinen neuen unnötigen Kalender mit den Feigenblättern des nicänischen Concils so wol, wie sich ein Dieb hinter der Leiter verbirgt." Wie will es auch der Papst einrichten, dass die Frühlingsgleiche stets auf den vierzehnten oder fünfzehnten Tag nach dem Frühlings-Neumonde trifft? Die Astronomen, welche mehr als der Papst, der nur nach den Schätzen des Erdenreichs trachtet, von der Sache verstehen, wissen, dass es oft um eine ganze Woche fehlt. Aber sollte der Papst, wie er den Engeln gebietet, nicht auch den Gestirnen befehlen können, nach seinem Kalender zu gehen? Stimmt seine Rechnung nicht, so ist die beste Antwort, dass der Kalender durchaus richtig sei, aber die Sonne nicht stets den richtigen Tag treffe mit ihrem Eintritte in den ersten Grad des Widders; zu solcher Unordnung habe vielleicht Josua Anlass gegeben, als er die Sonne stillstehen hiess, oder Jesaias, als er

---

1) Rasch in N. 17 des Anhangs fol. 8a und N. 29 fol. 19. Roest-Busäus N. 21 des Anhangs fol. 6 fg. Guldin Refutaio elenchi a Setho Calvisio conscripti p. 9 fg.
2) N. 11 des Anhangs fol. 13a fg.

dem Könige Hiskias anzeigte, der Schatten an der Sonnenuhr Achabs werde um zehn Linien zurückgehen; hätte man damals die Sonne bei ihrem ordentlichen Laufe gelassen, so würden gewiss sie und der Mond aufs Haar mit dem gregorianischen Kalender zusammentreffen, „es wäre denn, dass es um etliche Bauernschuhe weit fehlte."

Die wahre Ursache der Aenderung, versichert dann Osiander, „zeigen andere päpstische Leute in Deutschland an, nämlich, dass nach dem alten Kalender der lieben Heiligen und Märtyrer Feste nicht allwegen auf den Tag gefallen, woran sie gelitten haben. Wahrlich, das ist nicht ein Geringes und ist billig hoch in Acht zu nehmen. Und mag diese einzige Ursache genügend sein, mit dem neuen päpstischen Kalender die ganze Welt zu verwirren. Denn, da die lieben Heiligen im Himmel ohne Zweifel eben vornehmlich an demjenigen Tage ihren Anrufern Audienz geben, woran sie gelitten haben, und sich zur selben Zeit anheimisch finden lassen, während sie sonst hernach ins Paradies spazieren gehen, so wäre hierin bald etwas versäumt, denn würden die Collecten in der Messe und sonstige auf ihren Tag eingelegte Gebete um ganze zehn Tage zu langsam gesprochen und ihre anderen Gottesdienste auch um zehn Tage länger, als sich gebürt, eingestellt, so wäre solches alles vergeblich und müssten solche andächtige Diener der lieben Heiligen gar beinahe ein ganzes Jahr warten, bis sie wiederum bei den verstorbenen Heiligen Audienz bekämen, denn es heisst im gemeinen Sprichwort: der Bischof weiht nicht alle Tage. Und ist also den lieben Heiligen auch nicht zu verargen, da sie nicht alle Tage zu Verhör sitzen, sondern allein an den Tagen, wann es ihnen gelegen, denn sie haben ohne das auf Erden Mühe und Plagen genug gehabt. Hieraus ist abzunehmen, eine wie grosse und unvermeidliche Not es gewesen, dass Papst Gregor XIII seinen neuen Kalender an diese Welt gebar, damit er doch nicht unfruchtbar erfunden werde, weil hievor auch ein Papst zu Rom (Johannes des Namens der VIII) ein feines, kleines, holdseliges Kindlein an diese Welt gebracht, wie die alten päpstischen Scribenten selbst nicht läugnen können." [1])

---

[1] Die Sage, über deren Ursprung Döllinger Papstfabeln 1 fg. Aufschluss gibt, war damals eine beliebte Waffe gegen das Papsttum. Der Jesuit Georg Scherer fand es nötig, sie in einer Predigt vor dem Erzherzog Ernst zu widerlegen, die 1584 im Druck erschien.

Verständiger schlägt darauf Osiander vor: „Wenn ja der Papst Gregorius zum Kalendermachen (vielleicht aus himmlischer Influenz) eine sonderliche, angeborene Neigung haben möchte und den alten Kalender hätte reformieren wollen, so wäre das der nützlichste Weg gewesen, dass er die zehn Tage im verschienenen Jahre aus dem Monat October nicht hätte herausgenommen, sondern sie hätte stehen lassen, hätte aber dagegen herausgenommen die Namen der Heiligen, von denen man in der heiligen Schrift und in andern rechten glaubwürdigen Historien nichts findet, sondern allein ihre Geschichten mit grausamen, greiflichen Lügen in den päpstischen Legend- (oder vielmehr Lugend-) Büchern gefunden werden, deren vermeinte Heilige auch wol zum Teil mögen im Abgrund der Hölle sitzen. Er hätte aber dagegen hineingesetzt die lieben wahren Heiligen, Manns- und Weibspersonen, deren Historien im alten und neuen Testament beschrieben und von denen man gewiss ist, dass sie recht geglaubt, gottselig gelebt und gewisslich Gottes Kinder sind. Dieser Heiligen Namen im Kalender neben den gewöhnlichen christlichen Festen und Aposteltagen wären dazu dienlich gewesen, dass, wenn ein Christ in den Kalender gesehen, er sich auf einen jeden Tag hätte wissen einer heilsamen Historie aus der heiligen, göttlichen Schrift zu erinnern und aus derselben zu bessern. Aber was sollte sich der Papst der heiligen Schrift annehmen, die ihm das gebrannte Leid anthut und vor der er sich übler fürchtet als ein verzagter Hund vor einem Igel."

Zum Schlusse benutzt der Hofprediger die Gelegenheit zu einem Angriffe auf das gesammte Wesen und Lehren der römischen Kirche. „Warum," fragt er, „nimmt Papst Gregorius den Kalender zu reformieren vor? Warum reformiert er nicht vielmehr nötigere Irrtümer, Misbräuche und Uebelstände in der päpstischen Kirche?" Er sollte die falschen Lehren und Abgöttereien abschaffen. „Warum schafft er nicht ab die Geldstricke und Geldnetze, womit er und die Seinen bisher der Welt Geld und Gut geraubt haben? Warum schafft er nicht ab das unehrbare, schändliche, unzüchtige Wesen und Leben seiner Geistlichen, deren Sünden nunmehr etliche hundert Jahre bis an den Himmel reichen und schreien? Hier, hier sollte Papst Gregorius XIII die Brille auf die Nase stecken und sehen, was in der Kirche notwendig zu reformieren und zu verbessern wäre, auf dass er nicht mit sich so viele tausend

Seelen in den Abgrund der Hölle führte. Diese Reformation wäre der Welt viel nötiger als der gregorianische Kalender, welcher der Christenheit zu ihrem Heil und Wolstand weder kalt noch warm gibt. Aber Papst Gregorius (wie auch etliche seiner Vorfahren) reformiert gleichermassen in der Kirche, als wenn Einer in ein schönes Gemach käme, worin unflätige Leute gespieen und anderen Unrat mehr gethan hätten und er sähe ein kleines Spinnweblein an einer Wand oder ein wenig Staub auf dem Simse; darüber finge er eine grosse Klage an, wie man ein solches herrliches Gemach hätte so unsauber gehalten, nähme derwegen einen Fuchsschwanz und kehrte damit Spinnweben und Staub hinweg, liesse aber den anderen grossen Unflat und Gestank in dem Gemach liegen, ja er rühmte auch, es wäre lauter Weihrauch, lignum Aloës und Bisam und gebe dem Gemach einen besonderen Schmuck und Wolstand. Eben ein solcher Reformator ist auch Papst Gregorius in der Kirche. Gehört derwegen in die Zahl der Pharisäer, von denen Christus sagt: Wehe euch, ihr Schriftgelehrten und Pharisäer u. s. w. So hat auch Papst Gregorius einen engen und einen weiten Schlund, einen engen, dass er nicht dulden oder verschlucken kann, wenn eines Heiligen Gedächtnis sollte um etliche Tage zu spät begangen werden; einen weiten aber, dass er alle päpstischen Irrtümer, Abgöttereien, Misbräuche, falschen Gottesdienste, Schande und Laster seiner Geistlichen in einem Schluck und Druck hinabschlunden kann. Da stösst ihm nichts im Halse an, erzürnt sich auch nicht darüber. Und wenn die Deutschen so närrisch wären und gäben ihm all ihr Hab und Gut, Land und Leute, so könnte er es auch alles verschlunden und liesse es ihm selbst ganz wol bekommen."

Das war die gewöhnliche Art der theologischen Klopffechter jener Zeit, unter denen sich Osiander einen Namen erwarb. In ihrer plumpen Wut wussten sie den Gegner nur schmähend mit Kot zu bewerfen, nicht aber ihn mit schneidiger Waffe gefährlich zu treffen. Besser verstand dies der Laie Mästlin,[1]) indem er sachlich und würdig die Frage erfasste und behandelte.

Viele halten es für Unrecht, sagt er, dass die Feste nicht mehr zu

---

1) N. 11 des Anhangs fol. 20 a fg.

der Zeit gehalten werden, wo sie ursprünglich eingesetzt waren und wie sie namentlich das Concil von Nicäa bei Strafe des Bannes angeordnet hat. Einige glauben sogar, dass dieser Fluch des Nicänums, dem man verfallen, gegenwärtig viele schwere Landstrafen über die Christenheit bringe. Man soll nun allerdings die Vorschriften und Anordnungen der alten Kirche nicht verachten, aber man muss auch den Ursprung derselben erwägen. Gott selbst hat den Juden die Sabbatfeier und die übrigen Feste mit hohem Ernst vorgeschrieben und Uebertretungen schwer gestraft. Aber diese Feste waren nur Vorbilder, die sich auf Christus und das neue Testament bezogen, und seit das Erlösungswerk vollbracht ist, sind wir nicht mehr daran gebunden, denn Christus ist das Ende des Gesetzes. Dem zum Zeugnisse haben die ersten Christen den Sabbat mit dem Sonntage vertauscht. Ausserdem haben sie noch andere Feste eingeführt und dieselben teils auf die Tage gesetzt, wo der allgemeinen Ansicht nach die zu feiernden Ereignisse geschehen oder die Heiligen gestorben sein sollten, teils sie nach ihrer Bedeutung eingereiht. Diese Ordnungen sollten aber den Gewissen keinen Zwang auferlegen, denn weder Gott noch die Apostel haben in Bezug auf die Feste Gebote erlassen. Paulus lehrt vielmehr vielfach das Gegenteil. Auch ist Ostern in den ersten 150 Jahren von den abendländischen und östlichen Christen verschieden gehalten worden, ohne dass Zwietracht darüber entstand. Es muss in der Kirche eine bestimmte Ordnung für die Feste geben, aber zu behaupten, dass diese notwendig auf gewisse Tage fallen müssen, ist eine Antastung der christlichen Freiheit. Das Zurückweichen der unbeweglichen Feste ist gleichgültig, denn die erste Kirche legte sie aus freiem Gutdünken in diese oder jene Jahreszeit. Wir sind auch nicht von der alten Kirche abgewichen, denn wir halten die Kalendertage fest, welche sie bezeichnete. Es verstiesse jedoch gegen die Lehren Christi und Pauli und gegen die christliche Freiheit, wenn man sagte, die Feste müssten bei einem gewissen Stande der Sonne begangen werden, weil dieser vorhanden gewesen, als das zu feiernde Ereignis eintrat. Weiss man denn, wann Christus geboren und beschnitten wurde? Weder die Apostel und Evangelisten noch irgend ein glaubwürdiger Geschichtsschreiber berichten darüber; eine althergebrachte Meinung aber genügt nicht, um die Gewissen zu binden. Wüsste man aber auch die Tage zuverlässig, weshalb sollte man dann das Gedächtnis dem einstigen Stande der Sonne entsprechend begehen, als müsste der Prediger seine Zuhörer nicht nur in das Verständnis des Glaubens sondern auch in die Astronomie einführen? Nur auf Erbauung ist zu sehen. Die mystische Deutung, welche man der Stellung der Feste zu den Jahreszeiten gibt, ist lediglich Wortklauberei und Thorheit. Der Einwand, dass die astronomisch-gleichzeitige Feier besonders zur Andacht reize, ist kindisch und ihn widerlegt am besten der Charfreitag, denn kein Mensch weiss, an welchem Tage Christus starb und die Gelehrten streiten noch, ob es der 25. März oder 3. April war; wäre es uns zur Seligkeit nützlich, ihn zu kennen, so würden Christus und die Apostel uns den Tag bezeichnet haben.

Ebensowenig lässt Mästlin die Verordnung des Nicänums als genügenden Grund für die Festhaltung des 21. März gelten. Jene, sagt er, geht nur die von Menschen gesetzten Festtage an; sie ist mithin nicht anzunehmen, wenn sie als ein besonders hoher Gottesdienst und als eine die Gewissen bindende Pflicht, von welcher unter keiner Bedingung abgewichen werden dürfe, ausgegeben wird. Dann gehört sie zu den Menschensatzungen, die Gott verwerfen lehrt. Es war ferner dem Concil lediglich um Abstellung der Unordnung und des Zwiespaltes bei der Osterfeier, also um die Einigkeit der Kirche zu thun, nicht aber um eine Kalenderreform, da es die Frühlingsgleiche nicht auf die Zeit Christi zurücksetzte noch der Verschiebung vom 21. März vorbaute. Jetzt handelt es sich nur um die eine Frage, ob man verpflichtet sei, die Frühlingsgleiche auf den 21. März und Ostern auf den nachfolgenden Sonntag zu setzen. Der Fluch des Concils kann uns nicht treffen, denn bei uns herrscht keine Uneinigkeit in der Osterfeier, wir sind auch keineswegs von seiner Ordnung abgewichen und was geändert ist, geschah ohne Wissen und Vorsatz. Obendrein hat das Concil gar keinen Canon über das Fest gemacht noch bei Bannesstrafe Verordnungen getroffen, sondern es hat lediglich die Herstellung der Einigkeit berathen und dem Kaiser die Ausführung heimgestellt. Wäre aber auch ein betreffendes Decret vorhanden, so wäre es doch ungereimt, dass es uns binden sollte, zehn Tage aus dem Kalender zu nehmen, während das Concil selbst die zwei oder drei Tage, welche schon zuviel waren, nicht wegliess. „Ja, wie ärgerlich will es geredt sein, dass, da sie unserem Herrn und Heiland Christo Jesu zu Ehren nicht haben zwei oder drei Tage fallen lassen wollen, damit das Aequinoctium und das Osterfest sich mit der Zeit Christi wieder vergleiche: wir sollten von ihretwegen oder ihnen zu Gefallen zehn ganze Tage mit grausamer Verwirrung und Unordnung müssen auslöschen? Mit nichten also!" Warum legt der Papst jetzt nicht die Frühlingsgleiche auf den 23. oder 24. März, wie sie zu Christi Zeit fiel? Ist etwa Ostern mehr ein Gedächtnis des nicänischen Concils als des Leidens und der Auferstehung Christi? Die erste Kirche und die Väter des nicänischen Concils zeigen uns, dass die Kirche die Ceremonien ordnen kann, wie es am besten ist. Wer wollte ihnen solche Tyrannei beimessen, dass sie diese Freiheit nur für sich hätten gebrauchen und der Nachwelt entziehen wollen? Eine Aenderung ist zulässig, sobald dabei das Beste der Kirche und nicht Aergernis bezweckt wird. Müssten wirklich alle dem angeblichen Decrete zufolge im Banne sein, welche Ostern nicht so genau nach dem Stande der Sonne und des Mondes halten, so wären die Väter des Concils selbst und die späteren Christen oft dem Banne verfallen, denn der wirkliche Frühlingsvollmond trifft nicht selten einige Stunden eher oder später, als der kirchliche Kalender ihn ansetzt und ein Mond, der in unseren Gegenden noch auf den Samstag fällt, kann unter einem östlicheren Meridian schon auf den Sonntag treffen. Es lässt sich überhaupt keine cyklische Rechnung erdenken, die ganz genau mit den Himmelserscheinungen zusammentrifft. Führte also das Concil von Nicäa eine solche ein, so beweist das, dass es nicht wollte, man solle sich so genau nach dem Laufe der Sonne und des Mondes richten, sondern dass es ihm nur um die Einigkeit zu thun war. Weshalb stört man also die Einigkeit mit einer Reform, die unnötig ist und nie volle Genauigkeit schaffen kann? Man sollte lieber die gräulichen Misbräuche in der Kirche abschaffen.

Die Hauptursache der Festhaltung des 21. März, schliesst Mästlin, ist die, dass in den papistischen Messbüchern und Brevieren grosse Verwirrung eingetreten ist, denn sie lehren die beweglichen Feste nach den Himmelserscheinungen suchen, aber nicht nach den gegenwärtigen sondern gemäss der Zeit des Nicänums. Das sollte die Geistlichen freilich nicht stören, denn sie müssten gebildete Leute sein. Indes wollen sie durch Wiedereinführung des 21. März ermöglichen, dass sie ihre alten Bücher behalten können. Sie gestehen diesen Grund nicht ein, doch Clavius hat ihn verraten.[1]) Wäre es nun nur um den pfäffischen Kalender zu thun, so möchten sie sich einen beim Hafner drehen oder beim Bäcker backen lassen, so gut und schön, wie sie ihn nur wünschten. Es handelt sich aber um den bürgerlichen Kalender und deshalb ist es nicht zu raten, lediglich um des papistischen Messkrams willen eine so unerträgliche Zerrüttung männiglich aufzulegen.

Einen Teil dieser Ausführungen Mästlins hatte schon Lambert Floridus Plieninger, ein Strassburger, in einer Anfang 1583 erschienenen Schrift[2]) vorgetragen. Er sprach sich dabei für ein unbewegliches Osterfest aus und berief sich auf Luther, welcher denselben Gedanken vertreten, auf die von der weltlichen Obrigkeit vorzunehmende Ausführung jedoch verzichtet hatte, weil das Weltende nahe sei. Die betreffende Stelle aus Luthers Schrift: „Von den Concilien"[3]) wurde jetzt in einem eigenen Büchlein[4]) veröffentlicht, damit das Urteil des Vaters der Reformation, dessen Worte in jener Zeit seinen Anhängern beinahe höher als die der Schrift galten, die Seinen im Kampfe gegen das Werk des Papstes bestärke. Auch von verschiedenen anderen Gegnern des neuen Kalenders wurde der Vorschlag, ein festes Ostern zu schaffen, der sicherlich noch heute vollen Beifall verdient, befürwortet und das neustädter Gutachten wies den sogar von Protestanten gemachten Einwand zurück, dass alsdann am Charfreitag einmal Neumond und eine natürliche Sonnenfinsternis eintreten, dadurch aber den Juden zu dem Spotte Anlass gegeben werden könne, dass auch die Sonnenfinsternis bei Christi Tode nicht eine wunderbare gewesen sei.[5])

Für die päpstliche Bestimmung der Frühlingsgleiche suchte übrigens Plieninger noch andere Gründe hervor als Mästlin. Der Papst, sagt er,[6]) ging nicht über das Nicänum zurück, weil dieses zuerst allgemein aner-

---

1) Vgl. oben S. 13 Anm. 1.
2) N. 3 des Anhangs. Ueber den Verfasser habe ich keine Nachrichten finden können.
3) Lutheri Opera ed. Walch XII, 2676 fg.
4) N. 15 des Anhangs.
5) N. 4 des Anhangs p. 10 fg.
6) N. 2 des Anhangs p. 27 fg.

kannte Regeln über das Osterfest aufstellte, was Christus und die Apostel nicht gethan und die Päpste vor jenem Concil vergeblich versucht hatten. Zweitens ist der Todestag Christi nicht sicher festzustellen. Denn da Christus an einem Freitage bei Vollmond starb, muss dies nach Rechnung der Astronomen am 3. April 33 geschehen sein.[1] Die Kirchenväter aber nehmen den 20., 25. oder 30. März 34 an. Der Papst hätte also entweder mit den Ansätzen der Astronomen, auf die er sonst seinen Kalender gründet, oder mit den Kirchenvätern in Widerspruch treten müssen, denen er nicht Unrecht geben darf, ohne die Stützen seiner ganzen Macht zu brechen. Deshalb half er sich durch Festhalten des Nicänums. Plieninger ist seinerseits keineswegs geneigt, der Rechnung der Astronomen den Vorzug zu geben. Sie könne nicht richtig sein, bemerkt er weiterhin,[2] da Christus nach dem Zeugnisse der Evangelisten im vierunddreissigsten Jahre seines Alters gestorben sei.

Wie er sich hier von der theologischen Engherzigkeit seiner Zeit beeinflusst zeigt, so sehen wir ihn dem wirren astrologisch-mystischen Hange derselben folgen, wenn er den beiden erwähnten Gründen, die allerdings wohl die Entscheidung des Papstes beeinflussten, hinzufügt: „Der Papst sollte durch das Festhalten am Nicänum einer geheimnisvollen Fügung Gottes zufolge zu erkennen geben, dass er nicht der Statthalter Christi und Nachfolger Petri, sondern der Nachfolger Constantins des Grossen sei. Der Kaiser hat gleich nach dem Concil von Nicäa seinen Sitz nach Constantinopel verlegt, wodurch die Trennung des römischen Reiches erfolgt ist und aus diesem selbständige Königreiche, das zehnhörnige Tier, von welchem Daniel im siebenten Hauptstück spricht, entstanden sind. Wie jene vom Kaiser, so sind dann die Päpste, durch die freilich zweifelhafte Schenkung Constantins übermütig gemacht, in der Folge vom christlichen Glauben abgefallen. Mit dem Reichtume ist das Gift in die Kirche gekommen und der Papst zum Antichrist geworden. Er hat den Sitz der heidnischen Kaiser eingenommen und ihnen in zügellosem Leben und in Anmassung der höchsten

---

1) Ueber die Richtigkeit dieser Berechnung und ihr Verhältnis zu den Evangelien s. A. B. Lutterbeck Die Jahre Christi nach alexandrinischem Ansatze und neueren astronomischen Berechnungen. Giessen 1878.

2) N. 8 des Anhangs p. 29 fg.

Gewalt nachgeahmt. So wuchs er gemäss Daniel als das kleine Horn zwischen den zehn empor und erniedrigte drei von diesen, das erste durch die Verstossung des königlichen Geschlechtes Pharamundi [der Merowinger] in Frankreich, das zweite [die Byzantiner] durch Einziehung des Exarchats von Ravenna und das dritte durch Vertilgung der Longobardenkönige. Darauf deutet seine dreifache Krone, die zugleich seinen Anspruch auf die Herrschaft über Erde, Himmel und Hölle knndgibt. Er erlangte die Monarchie der ganzen Welt durch Ablass, Bann und Blutvergiesson, wie dies auch Macchiavelli bezeugt. Nach Daniel sollte ferner das kleine Horn die Zeit ändern und das hat ja nun Gregor XIII gethan. Weiter hat er sich dadurch als Nachfolger der Kaiser bekundet, dass er sich patrem patriae nannte, woraus papa entstand. Er hat sich über alle Fürsten gesetzt und selbst über Gott, da er sich in seiner Einführungsbulle Pontifex Optimus Maximus nennt.[1]). Da man seit Constantin d. Gr. angefangen hat, das weltliche Schwert zu göttlichen Händeln zu gebrauchen, so halten wir mit gutem Grunde dafür, dass damals der Antichrist angefangen hat, in der Kirche zu regieren. Durch das Festhalten am Nicänum sollte nun der Papst den vollen Beweis liefern, dass er der Antichrist und das Tier ist, denn im dreizehnten Hauptstücke der Apokalypse 42 prophetische Monate, das ist 42 mal 30 prophetische Tage oder 1260 Jahre gegeben werden, also genau so viele, wie Daniel dem Tiere mit den Hörnern zumisst und vom Concil von Nicäa bis zur Kalenderänderung verflossen sind, denn jenes tagte zwischen 323 und 325[2]) und diese erfolgt zwischen 1583 und 1585. Ausführlich weist dann Plieninger nach, dass seine Rechnung auch im Einzelnen mit den Thatsachen der Kirchengeschichte übereinstimme, und wie er schon in der Vorrede dargelegt hatte, dass der Papst unzweifelhaft der Antichrist sei, so ruft er weiterhin aus:[3]) „Nachdem nun erwiesen, dass der Papst der grosse Antichrist ist, das Horn Danielis, welches den Gräuel der Verwüstung in die heilige Stadt oder christliche Kirche nach Daniel 7. und 11. eingeführt hat, und die babylonische, unverschämte Hure,

---

1) In der Bulle kommt dieser Ausdruck nicht vor, dagegen gebraucht ihn Clavius an der oben S. 13 Anm. 1 erwähnten Stelle, worüber auch Mästlin sich aufhält.
2) Man stritt damals, ob das Concil 323 oder 325 gehalten sei.
3) N. 8 des Anhangs p. 32.

welche das zehnhörnige Tier nach Apokalypse 17. geritten hat, und nachdem solches vielfältig zu unserer Zeit entdeckt und offenbar worden ist und zwar der Papst selbst solches erwiesen durch die vorgenommene Aenderung des Jahres, durch die zurückgeführte Zahl der Tage, deswegen sollen wir uns seiner Gebote als Menschensatzungen nicht teilhaftig oder ihnen unterwürfig machen, auch im Geringsten nicht."

Ebenso deutete Mästlin in der an Churfürst Ludwig von der Pfalz gerichteten Widmung seiner mehrerwähnten Schrift die Worte Daniels: Er wird sich unterstehen, Zeit und Gesetz zu ändern, aus,[1]) um darzuthun, dass Gregor XIII, der ja auch das canonische Recht geändert habe, der Antichrist sei, und wie Plieninger suchte den Beweis dafür der Astronom Tobias Moller oder Müller von Crimmitzschau in einer eigenen Schrift[2]) zu führen, nachdem er bereits einen wissenschaftlichen Angriff gegen die päpstliche Neuerung veröffentlicht hatte.[3]) Dabei verkündete Moller das Weltende für 1606, weil Daniel bis zu jenem von der Aufrichtung des Gräuels der Verwüstung 1290 Jahre rechne; Daniel spreche nur von einem Gräuel, nicht von Gräueln; mithin könne er da nichts Anderes meinen, als dass Kaiser Constantin 316 den ersten Papst eingesetzt habe; damals sei ja auch eine Stimme vom Himmel erschollen: Heute ist ein Gräuel in die Kirche eingeführt worden.[4])

Gegen Moller suchte ein mainzer Jesuitenschüler Peter Röst darzuthun,[5]) dass die Worte Daniels sich nicht auf den Papst beziehen könnten. Im Uebrigen vermieden die Katholiken, auf eine Widerlegung dieser wunderlichen Deutungen der Prophezeiungen näher einzugehen,

---

1) N. 11 des Anhangs fol. 2 fg.

2) N. 23 des Anhangs. Ueber den Verfasser vgl. Zedlers Universallexicon s. v.

3) N. 6 des Anhangs. Vgl. Kaltenbrunner 537 fg. Das dort erwähnte, dem Reichstage vorgelegte Werk über die Berichtigung der Jahresrechnung verspricht Moller auch hier in nächster Zeit zu veröffentlichen. Ausserdem verweist er wiederholt auf die Vorrede eines 1584 von ihm herausgegebenen Kalenders, den ich nicht kenne.

4) Unter den Gründen für die Nähe des jüngsten Tages führt Moller ausser der Verdorbtheit der Menschen auch an, dass sich die Kräfte des Himmels so stark bewegt und das standhafte Firmament so sehr gesenkt. Um von der Sonne, von welcher es feststeht, zu schweigen, sagt er, hat sich auch ein anderer, noch unbekannter „Motus" so sehr geneigt, dass es nicht zu glauben wäre, wenn es nicht bemerkbar würde, dass dadurch ein so grosser Irrtum in die Astronomie eingeführt worden ist.

5) N. 24 des Anhangs.

ebenso aber auch, die Verbindlichkeit der nicänischen Vorschrift und die Notwendigkeit des Zurückgehens auf den 21. März zu erörtern.

VIII.

Jene Ausführungen, dass der Papst der Antichrist sei, führen uns nun zum wahren Grunde der Ablehnung des neuen Kalenders.

Schon das neustädter Gutachten bemerkte:[1] „Ob Gregorius XIII in dieser vielfältigen Spaltung und billigen Verachtung des Papstes und seiner Gesetze einen erneuerten und verbesserten Kalender werde können insgemein einführen, das wird man sehen. Hätten's die vorigen Päpste gethan, als sie noch ihr Ansehen und Gehör hatten, so wäre es nun geschehen. Jetzt ist es dahin geraten mit der päpstlichen Heiligkeit, dass sie dermassen verhasst und abscheulich ist in vielen Landen und Völkern, voraus in Deutschland, dass sie Alles, was von ihm und von Rom herkommt, verwerfen und fliehen, als wanns vom Teufel und aus der Hölle käme, wann es gleich gut ist."

Diesen Hass forderte die päpstliche Einführungsbulle in die Schranken. Wir erwähnten bereits, welchen Eindruck sie bei den evangelischen Ständen hervorbrachte. Die in der Folge entstandenen Flugschriften und Gutachten führen einhellig aus, dass die Ablehnung des Kalenders Gewissenspflicht sei, weil der Papst die Aenderung als eine rein kirchliche Angelegenheit behandle und die Annahme mit Berufung auf die Concilien von Nicäa und Trient sowie auf seine Amtsgewalt und mit Androhung des Bannes befehle. Füge man sich da, so werde man die evangelische Freiheit aufgeben und sich stillschweigend den genannten sowie allen anderen Concilien und der päpstlichen Gerichtsbarkeit wieder unterwerfen. Von nun an sah man in der Kalenderänderung nur eine schändliche Praktik, durch welche der Papst sich die evangelische Kirche wieder unterwerfen oder die Katholiken zu blutigem Kriege gegen deren Anhänger hetzen wolle.[2]

---

1) N. 2 des Anhangs p. 9.
2) Schon das Bedenken für die amberger Regierung hatte diesen Verdacht ausgesprochen. N. 11 des Anhangs fol. 166a. Ausser den im folgenden Angeführten s. Maestlin N. 11 des Anhangs fol. 47 fg. Pilleninger N. 8, p. 23 fg. Heerbrand N. 13, p. 1 fg. Schelin N 15

Mit der wüsten Leidenschaftlichkeit jener Zeit werden diese Gesichtspunkte geltend gemacht.

Johann Magirus, Propst zu Stuttgart, schickte der uns schon bekannten Schrift Osianders [1]) eine empfehlende Vorrede voraus, worin er sagte, da es klar sei, dass der Papst durch seinen Kalender nichts Anderes bezwecke, als in Deutschland eine grosse Trennung in kirchlichen und weltlichen Angelegenheiten und die Aufhebung des Religionsfriedens und der christlichen Freiheit zu bewirken, so müsse solchem arglistigen Vornehmen begegnet werden, „denn was diese listigen Füchse und gräulichen Wehrwölfe, dieses Papstes Gregorii Vorfahren hievor für Jammer in Deutschland angestiftet, auch anzustiften sich unterstanden, das sei mehr denn zuviel am Tage," und würden alle Gutherzigen, die Christus von Herzen liebten und dem Widerchrist feind seien, Osiander seine ausschliesslich gegen den Papst gerichteten Ausführungen nicht als allzuscharf verdenken, da ja bei verständigen und in Gottes Wort erfahrenen Christen kein Zweifel mehr bestehe, dass der Papst der Antichrist und die babylonische Hure sei.

Osiander selbst übte zunächst wieder seinen pfäffischen Witz. Petrus, versichert er, hat insbesondere von den Päpsten geweissagt, dass falsche Lehrer unter ihnen aufstehen würden. Diese haben einige Jahrhunderte lang Alles, was die einfältigen Christen von ihnen genommen, um Gold verkauft, so dass sie des täglichen Handelns gewohnt waren wie die Diebe des Stehlens, bis man sie hängt. Durch Luther aber hat Christus ihnen den Ablasskram umgestossen „und ihre Ablassbriefe so unwert gemacht, dass bei recht verständigen Christen die Hunde möchten daran etc." Daher will jetzt Gregor XIII statt der Ablassbriefe Kalender verkaufen, welche noch mehr Vorteil bringen würden als jene, da sie jährlich und von Jedem gekauft werden müssten. Er sucht ein Monopol für diesen Handel zu errichten, indem er durch eine eigene Bulle [2]) bei Bonn und

---

p. 10 fg. Auch Landgraf Wilhelm von Hessen sagte in seinem Schreiben vom 5/15. December 1582: Der Kalender sei nicht ein rein politisches Werk und man dürfe nicht dem Papste die Befugnis einräumen, die Feste seines Gefallens zu ändern, noch sich, da das Werk ex mandato papae herfliesse, durch die Annahme mittelbar der päpstlichen Gewalt unterwerfen

1) N. 7 des Anhangs.

2) Die Bulle: „Cum nos nuper" vom 3. April 1582 bestimmte, dass Niemand während der

tausend Ducaten Strafe den Nachdruck seines Kalenders verbietet, nachdem er in der Einführungsbulle die Beobachtung eines anderen untersagt hat. Monopole aber sind in den Reichsgesetzen verboten und es ist unbillig, den Christen wehren zu wollen, dass sie diese wie andere Waaren nach ihrer Gelegenheit kaufen.

Weiterhin spricht dann Osiander ernsthaft, indem er bemerkt: Der Papst weiss recht wohl, dass die evangelischen Reichsstände den Kalender auf seinen Befehl nicht annehmen werden. Er will daher durch diesen lediglich die Zwietracht und das Mistrauen im Reiche vermehren, damit unter den Ständen und Unterthanen tägliche Händel entstehen und vielleicht einmal ein blutiges Gerauf. Durch kein anderes Mittel hätte der Papst die Deutschen mehr gegen einander hetzen können. Er wird den Ruhm eines Herostratus erwerben. Aber es ist ihm auch noch um ein Anderes zu thun. Der Papst weiss, dass etliche Päpstische in Deutschland ihn nicht so hoch achten, wie er möchte, und er weiss also nicht, wessen er sich zu ihnen zu versehen hat, wenn er künftig einmal ein Blutbad gegen die Protestanten in Deutschland anrichten möchte. Da will er nun mit dem Kalender die Probe machen. Wer ihn nicht annimmt, dem wird der Papst bei seinen Anschlägen nicht vertrauen, sondern ihn für insgeheim halb oder ganz lutherisch halten, und das wird ihm zur blutigen Vollstreckung des Concils von Trient, mit welcher die Päpste seit längerer Zeit schwanger gehen, dienlich sein. Er verrät seine geheimen Absichten unwissend durch sein Wappen auf dem Titel des Kalenders: einen grossen Drachen, und durch das Buchdruckerzeichen am Ende: eine Katze mit einer Maus im Maule.[1]) Der Drache will, wie er bereits in Italien, Spanien und Frankreich gethan, auch in Deutschland umherfliegen, die Christen durch die Jesuiten mit falscher Lehre vergiften und ein Blutbad anrichten. Die Katze möchte, nachdem sie

nächsten zehn Jahre den neuen Kalender ohne Genehmigung des Antonio Lilio und seiner Erben drucken und verkaufen solle. Zuwiderhandelnde solle im Kirchenstaat Verlust der Bücher und eine Strafe von 1000 Ducaten, im Auslande die grosse Excommunication treffen, von welcher nur der Papst lösen könne. Kalendarium Gregorianum Perpetuum, Romae 1582 fol. 4. Schon eine Bulle vom 20. November 1582 erlaubte jedoch allen Katholiken den Nachdruck. N. 4 des Anhangs fol. 6b, was Kaltenbrunner 51* Anm. 2 übersah.

1) Die römische Ausgabe des Kalenders von 1582 zeigt das Wappen Gregors mit dem Drachen, dagegen nicht die Katze. Die von Osiander bezeichnete Ausgabe kenne ich nicht.

lange in Religionssachen heimlich, im Säckel der Christen aber öffentlich gemaust hat, den armen Christen, mit welchen sie wie mit einer Maus gespielt hat, den Garaus machen. Aber Gott wird dieser blutgierigen Heuchler endlich auch müde werden „und ihnen das unschuldige Blut seiner Christen, das sie nun viele Jahre her vergossen, auf ihren Kopf bezahlen und sollte er gleich den Türken dazu gebrauchen".

Dieselben beiden Absichten wie hier Osiander schieben auch die „Bauernklage" und ein „Kalenderlied" [1]) dem Papste unter. Dagegen begnügte sich mit der ersten, allerdings erweiterten, die Vorrede, mit welcher Luthers Aeusserungen über das Osterfest veröffentlicht wurden.[2])

In echt theologischem Stile erzählt ihr Verfasser: Es ist, Gott sei Lob und Dank, in diesen unseren und den uns benachbarten Kirchen weit und breit dahin gekommen, dass nach den Schriften der hl. Propheten, Evangelisten und Apostel zum grossen Nutzen vieler gottseligen Herzen die geistreichen und voller Trostes und Lehre steckenden Schriften des seligen Gottesmannes Lutheri gelesen und gebraucht werden. Wieviel das armen Seelen genutzt hat, wollen wir mit Freuden am jüngsten Tage sehen, wo unzählig viele Seelen erscheinen und Gott ewig Lob singen werden, welche dem Gifte der trüben päpstischen Pfütze und des vergifteten Krötentümpels in grosser Mattigkeit entflogen waren, aber aus diesen schönen, hellen Brünnlein, die aus dem lautersten Worte Gottes herfliessen, sich zur Seligkeit erquickt haben. Das ist auch dem Papste und seinen Dienern, die in Gleisnerei Lügenredner sind und das Brandmal der falschen Lehre in ihrem Gewissen haben, aber dennoch die Wahrheit in Ungerechtigkeit aufhalten und also Viele verführen, sehr wol bekannt, indem sie den seligen Abfall vieler, ja unzähliger Seelen von ihrer Abgötterei und öffentlichen Lästerung Gottes weit und breit in allen Ländern erfahren haben. Deshalb hätte ich seit Beginn des Kalenderstreites gewünscht, dass Luthers Bedenken darüber den Christen auch abgesondert mitgeteilt würde. Dies jetzt selbst zu thun, bestimmt mich ein sehr wehmütiges Schreiben eines Adlichen, der in der Nähe von da sitzt, wo das Papsttum mit Gewalt regiert, und der wol weiss,

---

1) N. 9 und 22 des Anhangs.
2) N. 15 des Anhangs.

was aus dem Kalender folgen muss. Denn ob nun die Neuerung richtig oder unrichtig sei, „so ist das gewiss, dass das Tier mit den sieben Häuptern und zehn Hörnern und den sieben Kronen und den Namen der Lästerung auf jenen dies Werk nicht vorgenommen hat, um der Kirche Nutzen oder der Zeit Richtigkeit anzurichten, sondern es ist der Teufel, welcher dem hl. Macario begegnete mit vielen Büchsen behangen und als er von Macario gefragt ward, was die vielen kleinen Büchsen bedeuteten, sagte er, es wäre in einer jeden eine solche Sünde, womit er die Menschen versuchte..... Gleichesfalls thut dies Thier auch." Wieviel Anschläge haben die Päpste nicht, um früherer Zeiten zu geschweigen, seitdem das Licht des Evangeliums entzündet ist, ausgeheckt, um es auszulöschen und „ihren untüchtigen Krempelmarkt von Totenbeinen, Vigilien und Seelenmessen den Unverständigen und denen, die in der Finsternis und dem Schatten des Todes bei ihnen sitzen, wieder zu verkaufen". Alles war vergeblich. „Jetzt aber hat der Papst eine neue Büchse aufgethun und den Griff herausgelangt, womit er sich listiglich vorgenommen hat, alle Nationen, die noch unter seiner Stockmeisterei liegen, in Handel, Wandel und Kaufmannschaft von den Deutschen, denen sie sonst nicht übel gewogen, abzuwenden, die Deutschen unter einander selbst in einander zu hängen, den politischen Frieden, den noch die Fürsten trotz ungleicher Religion unter einander haben, zu zerreissen, die Herzen gegen einander zu verbittern und den armen gemeinen Mann auch mit ins Spiel zu bringen, ob Deutschland sich in sich selbst abmatten und auffressen wollte."

Ebenso führte eine höchst merkwürdige politische Flugschrift [1]) den neuen Kalender unter den Mitteln auf, durch welche der Papst den in Frankreich und in den Niederlanden wütenden Religionskrieg nach Deutschland übertragen wolle; er beabsichtige dadurch den kirchlichen Zwiespalt zu verschärfen und zu verhüten, dass Katholiken und Protestanten sich im Umgange befreundeten.

Ein Reimschmied liess sogar die Katholiken den Papst zur Blutarbeit auffordern, indem er dichtete: [2])

---

1) De causa Coloniensi brevis et perspicua Commentatio. 1585. Verfasst ist die Schrift wol 1583.
2) N. 22 des Anhangs.

> Erhalt uns Papst bei deinem Wort
> Und steur' Allen mit Krieg und Mord,
> Die dich nicht fürchten und dein Mom,[1]
> Wölln stürzen dich vom Stuhl zu Rom.
>
> Beweis dein Macht mit allem List,
> Weil du Herr aller Herren bist,
> Und zwing' die Reichsstädt allgemein
> Zu halten den Kalender dein.
>
> O starker Geist, des Papstes Herd,
> Schaff den Sauiten[2] Fried auf Erd',
> Die Luth'rischen schlag all zu Tod:
> Das ist ihrn Herzen Freudenbot.
>
> So werden sie erkennen noch,
> Dass du zu Rom, Papst, lebest noch
> Und der Welt Fürst mit seiner Schaar,
> Die sich auf dich verlassen gar.
>
> Verleih uns Gelt g'nug, bitten dich,
> O Papst, zu diesen Zeiten,
> Auf dass wir können kräftiglich
> Dein' Kalender bestreiten
> Hie und auf allen Seiten.

In mystischer Weise behandelte wieder Plieninger die Frage nach den Absichten des Papstes. Das Papsttum, sagt er,[3] hat die drei Grade erlangt, welche jedes Reich durchmacht: Wachsen, Grösse und Verfall. Er hat erst den Primat, dann das Patrimonium und endlich die Investitur an sich gebracht. Dazu diente ihm vor allem das Schafsfell, nämlich das Vorgeben, dass es ihm um die Kirche Christi zu thun sei. Unter diesem Schafskleide aber verbergen sich drei Tiere, die ihm zur Erreichung jener drei Güter behülflich waren: erstens die Natter der Klugheit und Vorsicht, wodurch er zum Primat kam, von dem aus er dann das Gift der Natter, die Menschensatzungen und äusserlichen Ceremonien in die Kirche goss; zweitens der Fuchs der List und des Be-

---
1) Muhme? Etwa gleich des Teufels Grossmutter.
2) Jesuiten.
3) N. 8 des Anhangs p. 43 fg.

truges, wodurch er Land und Leute gewann und als das kleine Horn drei der zehn Hörner Daniels erniedrigte, und drittens der Wolf des Tobens und Blutvergiessens, womit er die Investitur und die Hoheit über Kaiser, Könige und Fürsten erlangte. Er hat die Fürsten gegen den Kaiser und gegen einander gehetzt und sie mit Fluch nnd Bann seinen Gesetzen unterworfen. Dann ist der Papst ins Abnehmen geraten. Seit kurzem aber sucht er sich wieder aufzurichten durch Mord, Blutvergiessen und die Inquisition wie in Frankreich, Spanien und den Niederlanden, welche er mit Krieg erfüllt hat. Da ihm dies in Deutschland wegen des Religionsfriedens noch nicht gelungen ist, hat er einen anderen Weg erdacht, um sich die Reichsstände wieder zu unterwerfen, indem er sie uneinig macht und gegen einander hetzt. Zu dem Zwecke hat er seinen Kalender erfunden. Nehmen die Stände ihn an, so machen sie sich ihm unterwürfig; andernfalls kann er sie in Zwietracht bringen, den Religionsfrieden aufheben, die Inquisition einführen, Aufruhr und Blutvergiessen anstiften und so seine Herrschaft herstellen. Dazu braucht er alle Mittel seiner Vorfahren, Schlangenklugheit, Fuchslist und Wolfsart zugleich unter dem Schaffell des christlichen Namens; Schlangenklugheit, indem er einen Gegenstand vornimmt, der auch bei Gelehrten ein Ansehen hat; Fuchslist, indem er seinen Kalender zunächst nur den papistischen Fürsten schickte und ihn einführen liess, ehe auf dem Reichstage darüber beraten war und ehe seine Einführungsbulle bekannt wurde; Wolfsart endlich, indem er in jener Bulle die Bischöfe ermahnt, den Kalender im Notfalle auch mit dem Schwerte einzuführen,[1]) und dies ist der Hauptzweck des Papstes, nämlich den Religionsfrieden aufzuheben und Blutvergiessen anzustiften, damit er wieder zu seiner Hoheit im Reiche komme.

Hier geht nun Plieninger zu politischen Betrachtungen über, wie sie in jener durch die französischen und niederländischen Glaubenskämpfe erregten Zeit häufig angestellt wurden, doch verliert er sich bald wieder in astrologische Schwärmereien. Wird der Papst den Zweck seines Kalenders erreichen? fragt er und antwortet: Danach trachten mit jenem seine falschen Apostel, die Jesuiten, und bemühen sich nicht nur heimlich

---

1) Auf welche Stelle der Bulle hier angespielt wird, vermag ich nicht zu deuten.

darum, sondern auch in öffentlichen Schriften wie denen von Callidius und Eder.¹) Bei vielen Fürsten und Herren sieht es aus, als hätten sie Lust solchen Ratschlägen zu folgen, und offenbar stehen grosse Veränderungen bevor. Welchen Nutzen aber der Krieg bringen würde, lehren die Geschichte und das Beispiel von Frankreich und Niederland, wo der Papst den Kampf entzündet hat. Die deutschen Papisten mögen nicht glauben, dass sie die stärkeren und des Sieges gewiss seien. Auch ist das Reich schwach und es wird, wenn innere Unruhen ausbrechen, den auswärtigen Feinden, den Franzosen, Türken und Anderen zum Raube werden. Lasst Euch, ihr Fürsten, daher nicht durch den Papst und die Pfaffen verhetzen, ruft Plieninger aus. Sonst wird, wie Johann Agricola von Eisleben in seinen Sprichwörtern 1525 prophezeit hat, Deutschland bald im Blute schwimmen. Leider scheint es, als solle sich die Prophezeiung doch erfüllen. Darauf deuten seit dem im Jahre 1572 erschienenen Wunderstern viele Zeichen wie der grosse Komet von 1577 und die Erscheinungen von 1582, wo z. B. der Mond am 3. März zwischen acht und neun Uhr Abends das Gesicht eines verhüllten Weibes angenommen, sich nahe zur Erde niedergelassen und sechs bis sieben Mal mit hellem Geschrei „Wehe" gerufen hat. Gerade am Tage der Kalenderänderung, am 10. October, ist ein schreckliches Gewitter über fast ganz Deutschland gegangen, welches zu Wien den vor zwei Jahren aufgerichteten Doppeladler zerschmetterte und das eiserne Kreuz von der Jesuitenkirche warf. Dann folgten während der geänderten Monate grosse Wasserfluten. „Es redet auch der Komet, welcher vom 14. Mai bis in den 27. dieses Jahres gestanden ist, so doch die vorhergehenden Kometen ihre Bedeutung nicht zu Ende geführt und noch nicht ausgeredet haben. Und wird auch reden in diesem ·1583. Jahr die grosse Coniunction²) und Zusammenkunft der Planeten zu Ende des wässerigen Triangels im Zeichen der Fische, wie auch im Jahre 1524 dergleichen Conjunction gewesen, darauf dann

---

1) S. über Eder und verwandte Schriften: Briefe und Acten zur Geschichte des dreissigjährigen Krieges IV. 144 fg. Die mir damals noch unbekannte Schrift des Callidius erschien 1579 zu Luxemburg unter dem Titel: Apologia Cornelii Callidii Chrysopolitani in orationem Philippi de Marnix, domini de S. Adelgonda pro Sereniss. archiduce Austriae Matthia et ordinibus Belgicis ad delegatos Septemvirum caeterorumque Principum et Ordinum S. J. Wormatiano conventu habitam mense Maio 1578 u. s. w. 4°.

2. Vgl. S. 26 Anm. 4.

gleich das nächste Jahr hernach der Bauernkrieg erfolget und die anderen Jahre hernach viel Kriege in Italien entstanden sind, auch Rom eingenommen worden ist. Diese jetzt angehende Conjunction aber hat um so mehr zu bedeuten, weil sie zu Ende des wässerigen Triangels geschieht und zu Anfang des feurigen nach dem mittlen und gleichen Lauf, dergleichen dann innerhalb 800 Jahren einmal geschieht und ist der Himmel also gestanden zur Zeit der Erschaffung der Welt, item vor der Sündflut, item vor der Geburt Christi zu Anfang der römischen Monarchie, item zu Anfang des deutschen Kaisertums unter Carolo Magno. Dieweil dann allwegen grosse Aenderungen darauf erfolgt sind und dies von Anfang der Welt die siebente und letzte Conjunction ist, wiewol sie erst auch dem wahren Lauf nach Anno 1642 vollkommen ausläuft und im Anfang des feurigen Triangels geschieht, so kann Jeder daraus erachten, was wir innerhalb solcher Jahre, nämlich von jetzt an bis in das 60. oder 70. Jahr, zu erwarten haben, nämlich die allerletzten Aenderungen, mit welchen der Himmel und die Natur ihren Lauf und das Werk, dazu sie von Gott bestimmt und verordnet sind, verrichten, erfüllen und zu Ende führen werden. Sonderlich aber sind diese künftigen zwanzig Jahre wol wahrzunehmen, weil es die Jahre mutationis aquei trigoni in igneum sind, in welchen allwegen die grössten Aenderungen und Unruhen sich begeben haben. denn Anno 1603 geschieht erst die vollkommene Conjunction der Planeten im feurigen Trigono." Mit umständlichen Rechnungen und mit Zusammenstellung der Ereignisse des alten Bundes und der christlichen Geschichte sucht dann Plieninger den Beweis, dass das Weltende nahe sei, zu verstärken, und bezeichnet daraufhin schliesslich die Kalenderänderung als das letzte und dritte Wehe, welches der siebente Engel der Apokalypse mit der siebenten Posaune über die Welt geblasen. Der Kalender wird dem Papste Anlass geben, die grosse Verfolgung ins Werk zu setzen, von welcher die Apokalypse spricht. Daniel gibt dem Reiche des Antichrists 1290 Jahre, indem er nicht wie die 1260 Jahre berechnende Apokalypse den Anfang, sondern das Ende des Verfalls seiner Herrschaft bezeichnet. Mithin haben wir, wenn man vom nicänischen Concil an zählt, noch dreissig Jahre bis zum Ende der Regierung des Antichrists, nur noch zwanzig aber, wenn wir die Zählung mit der Freigebung der Kirche im Jahre 312 anfangen und also den Beginn des Verfalls und der Verfolgung des Antichrists auf 1572, das Jahr der Bartholomäusnacht, setzen. Bis zum Weltende sind noch etwa siebzig Jahre zu rechnen.

Weniger weitreichende Absichten als die Mehrzahl der Protestanten schrieb ein Kalenderlied[1]) dem Papste zu, welches ihn mit dem athenischen Dichter Kinesias verglich, der nur darauf gesonnen habe, Alles anders zu machen wie die übrigen Menschen. Das unflätige Machwerk überhäufte Gregor deswegen mit Schmähungen und bezeichnete ihn als toll und lotterbubisch, als den rechten und echten Papstesel. Einen ganz eigentümlichen Grund aber heckte ein „Bauerngespräch" aus,[2]) welches 1584 von dem sächsischen Pfarrer Caspar Füger veröffentlicht wurde und hier um so mehr eingehende Besprechung verdient, als es zeigt, mit welchen Mitteln der Verfasser und seine Amtsgenossen den Glaubenhass ihrer Bauern schürten.

Zwei Bauern gehen mit ihren Weibern ins Wirtshaus, um zu zechen, da Alles, was sie zur Stadt bringen, jetzt hoch bezahlt wird. Da erzählt Merten: Ich fuhr jüngst einen Mann nach Böhmen; dort war letzten Sonntag Christus schon auferstanden, sie trugen ihren Fladenherrgott um die Kirche herum und die Leute assen Osterfladen, geweihte Schultern und Anderes. Der Papst hat nämlich auf der ganzen Welt angeordnet, einen von ihm neu gemachten Kalender zu beobachten, damit Ostern an dem Tage gefeiert werde, wo Christus auferstanden sein soll. Wie? fragt erstaunt der andere Bauer, Pebel: Sollte denn der Papst an die Auferstehung der Toten glauben? Unser Pfarrer hat letzthin im Kretscham[3]) erzählt, er habe von einem neulich aus Welschland gekommenen Doctor gehört, dass man zu Rom nicht viel von der Auferstehung und dem ewigen Leben halte; es werde selten davon gepredigt und wenn man den Leuten davon spreche, so hielten sie es für ein Mährchen; ja, der Papst selbst suche durch die Fabel von Christus, wie er das Evangelium nenne, nur Geld. Ich meine, er hält das Evangelium für einen Schnabel, mit dem er Alles an sich reissen will, der Antichrist. „Unser Pfarrer sagt, dass er der Entechrist sein soll, denn er weiset uns auch ein Bild,

---

[1] N. 15 des Anhangs.
[2] N. 20 des Anhangs. Den Verfasser nennt Johann Rasch in N. 29 des Anhangs, fol. 9.
[3] Wirtshaus.

das er mit sich hat aus der Stadt gebracht, da waren Christus und der Papst gegen einander gemalt, also dass man eigentlich daraus vernehmen konnte, dass der Papst der Entechrist sein müsse, denn er sieht Christo so gar gleich wie der Wolf einem Schafe oder der Fuchs einem Hasen." Der Papst reitet in stolzer Pracht auf einem weissen Hengste, Christus bescheiden auf einem geliehenen Mühlesel, u. s. w.

Merten: Ja, ja! Der Papst ist Christus gleich wie der Kuckuck der Grasmücke. „Wie ich dann auch vielmal von euerem und anderen Pfarrern höre losen,¹) man hat im Papsttum geglaubt und glaubt's auch noch, dass nur drei Reiter im Himmel sind und hineingehören: der Ritter S. Georg, der liebe Herr S. Merten und unser lieber Herr und Heiland Jesus Christus. Darum so muss der vierte Reiter, der Papst, in Himmel nicht eingelassen werden. Er gehört auch nicht hinein, sondern er wird lebendig in den feurigen Pfuhl, der von Schwefel brennt, nebst seiner ganzen Reiterei geworfen werden, wie in der Offenbarung Johannis am 19. Capitel nach unseres Pfarrers Aussag geschrieben stehen soll." Pebel: D'rum singen wir auch täglich in unserer Kirche: Erhalt' uns Herr bei deinem Wort u. s. w., „denn es sind doch Buben, Mörder, Räuber und Bluthunde, der Papst wie der Türke, und sind die rechten Entechristi, denn, was Christus geordnet und eingesetzet hat, das ändern sie, wie's unser Pfarrer zum oftern Mal klar vorlegt und beweiset, dass Alles, was Christus in seinem Evangelio befohlen hat, das gefalle dem Papste nicht. Mich gemahnt es mit dem neuen Caldanders gleich also. Christus ist in und nach dem alten Kalender geboren; der Papst fürchtet, er möchte ihm zu rasch wiederkommen zum Gerichte, darum hat er diesen neuen Caldanders (ich hätte schier gesagt, Baldanders) gemacht, dass sich Christus vorirren soll und nicht wissen, wo er daheim sei, wo er sein Gericht nun anstellen und dazu kommen soll, damit sich der Papst desto weniger davor zu fürchten und desto länger seine Schinderei, Gotteslästerung und Bubenstücke frei und ungestraft treiben könne. Gott strafe diesen Buben."

Merten: Der Papst nennt den Kalender einen ewigwährenden, um anzuzeigen, dass er nicht an ein jüngstes Gericht und ein Weltende glaubt; ja, er soll so sicher sein, als müsse es Christus machen, wie er will.

---

¹) Das Original hat „kosen", doch soll es gewiss „losen", reden, heissen.

Pebel: Das wird ihm fehlen, denn ich glaube, dass Christus bald kommen und den Papst umbringen wird.

Merten: Die Leute sind gar bestürzt über den neuen Kalender und sagen, er verwirre Alles und mache Irrung in allen weltlichen Händeln, Verschreibungen, Historien, Jahrmärkten, Gerichten, Schifffahrten, Ackerbau, Pflügen und Säen und Unordnung in den Festen der Kirche. Er wird nichts Gutes anrichten. Pebel: Wie soll er Gutes anstiften, da man die Osterfladen zu so unrechter Zeit isst? Wie können sie Einem ausser der rechten Zeit schmecken? Ebenso geht es mit den Genüssen aller anderen Feste. „Zu Ostern, wenn sie zu rechter Zeit gehalten werden, schmecken am allerbesten die dicken Quark-[1]) und anderen Osterfladen und Kuchen, item Schultern, hart gesottene Eier und Bratwürste, mit den Schultern gekocht. Zu Pfingsten schiesst man den Vogel ab und trinken wir unser Pfingstbier. Auf Bartholomäi schleichen wir den Vögeln nach und gehen mit der Eule. Um Michaelis geben wir Zins, gehen die Kermes an, unsere allergrösste Freude und Kurzweil allhier auf Erden, und trinken wir guten Most. Auf Martini trinken wir den kühlen Wein und essen dazu feiste und wolgemästete Gänse. Auf Weihnachten schlachten wir die gemästeten Schweine, machen die Osterschultern und essen die grossen und andere Würste sammt den Christwecken und Streuselen. Und so verzehren wir die Zeit, das liebe, lange Jahr und uns die Zeit." Sogar die unvernünftigen Tiere halten ihre Zeit, wann sie kommen und gehen. Warum wollen denn nicht auch wir unsere alte Zeit halten und uns nach dem alten Kalender richten? „Ja, auch das Vieh hält seine rechte Christnacht und steht in der alten und nicht in der neuen Christnacht der Geburt Christi zu Ehren auf. Item es blühet darin auch die Christwurz, das Kappiskraut trägt Samen u. s. w. Item es hat auch die Sonne ihre drei Sprünge vor Freude der Auferstehung Christi noch nicht gethan, sondern wird sie erst thun, wenn sie des Morgens auf unseren fröhlichen Ostertag aufgehen wird." Sollten die Zeiten so geändert werden, wie könnten wir armen Bauern wissen, wann wir säen sollen u. s. w. Wahrlich der Papst verrät sich gleich der Spitzmaus selbst mit diesem seinem neuen Baldanders, „dass er der rechte Entechrist sei, denn ich

---

1) Eine Käseart.

habe gehört, dass der Entechrist, wenn er kommen wird, auch die Zeiten verändern oder wie Daniel sagt, Zeit und Gesetz zu ändern, unterstehen (unterstehen, aber nicht ausführen) werde." Dem Papste wird es gehen, wie mir, als ich neulich den Herrn im Hause spielen und meiner Frau Marfa nicht mehr unterthan sein wollte: sie lehrte mich mit der Ofengabel Gehorsam.

Merten: Ich habe auch gehört, dass der Papst mit seinem Versuche schwerlich durchdringen werde, denn die Reichsstände, Dänemark, Schweden, Schottland, England, die Schweizer und Andere wollen nicht einwilligen, ja die, welche ihn schon angenommen hatten, wie Baiern und Andere, sollen ihn um der Unordnung willen, die er anrichtet, wieder abgeschafft haben. Auch höre ich, dass gelehrte Sterngucker ihn für unrichtig erklären. Pebel: Das ist recht. Warum will sich auch der Papst die ganze Welt unterwerfen? Doch, „siehe, meine Marfa hat sich vollgesoffen und will heimgehen, ich muss ihr traun folgen." [1])

IX.

Die Katholiken unternahmen nicht den aussichtslosen Versuch, die Vermutungen über die Absichten des Papstes zu widerlegen. Sie bemühten sich nur, die übrigen Bedenken zu beseitigen. Wie der Kaiser und andere Fürsten dies dadurch zu erreichen getrachtet hatten, dass sie in ihren Einführungsbefehlen des Papstes mit keinem Worte gedachten, und wie katholische Schriften geflissentlich hervorhoben, dass die Neuerung auf Anhalten weltlicher Fürsten erfolgt sei, wurde bereits erwähnt.[2]) Des Weiteren hoben die Verteidiger des päpstlichen Kalenders hervor, dass der Befehl und Bann Gregors nur seinen Anhängern gelte; die übrige Christenheit, versicherten sie der Wahrheit zuwider, habe er nur höflich zur Annahme eingeladen. Sie wiesen ferner darauf hin, dass doch nur der Papst im Stande gewesen sei, die Aenderung im grössten Teile von Europa durchzusetzen, und machten anderseits geltend, da der Kaiser

---

[1]) Schon in der Einleitung heisst es: Unsere Weiber saufen jetzt so gerne und so viel guten Wein wie wir Männer, darum dürfen sie's uns nicht mehr vorwerfen, wenn wir beide, Männer und Weiber, wol bezecht zur Stadt hinaus nach dem Dorfe heimgehen. fol. 2 b.

[2]) S. oben S. 21 und 39.

den Kalender in seinem Namen als weltliche Obrigkeit eingeführt habe, sei derselbe nicht mehr ein Werk des Papstes, sondern ein weltliches, ein „politisches" Werk und die Protestanten könnten ihn mithin nach Luthers eigenem Urteil ohne Verletzung der Gewissen annehmen. Sogar für die Katholiken sei seine Beobachtung nicht Sache des Glaubens, sondern nur des kirchlichen Gehorsams. Würden die Protestanten durch seine Annahme Papisten, so seien sie es doch auch bisher gewesen, da der alte Kirchenkalender vom nicänischen Concil und von den Päpsten geschaffen sei. Das Concil von Trient habe den neuen Kalender nicht gemacht und dass man durch diesen nicht jenes anerkenne, zeige das Beispiel Frankreichs. Man wies ferner auf das Beispiel der Holländer hin, welche den Kalender gleich 1583 unter Verwahrung gegen die kirchliche Hoheit des Papstes eingeführt hätten:[1]) so könnten auch die deutschen Protestanten ihre Freiheit durch Proteste wahren. Endlich bemerkte im Jahre 1612 ein Jesuit sehr treffend, dass nun jene Freiheit doch durch langjährigen Widerstand hinlänglich dargethan sei und die Annahme also ohne Schaden und Misdeutung vollzogen werden könne.[2])

Die Protestanten blieben indes dabei, dass der Papst den neuen Kalender einmal zu einer kirchlichen Angelegenheit gemacht habe und dass mithin die Annahme trotz allen Vorwänden die Unterwerfung unter seine Kirchengewalt bedeuten werde und jedes Pactieren mit dem Antichrist unzulässig sei.[3])

---

1) Dies berichten Graminaeus N. 3 des Anhangs, Widmung und fol. 1, und Röst N. 24 fol. 9; ersterer mit der Angabe, dass vom 1. auf den 12. Januar gesprungen sei und Achen dies Beispiel befolgt habe. Merkwürdiger Weise gibt kein Handbuch der Chronologie den Tag der Einführung des neuen Kalenders in den vereinigten Niederlanden an. Der Güte des Herrn Reichsarchivars van den Bergh im Haag, an welchen ich mich wandte, verdanke ich folgende Auskunft: Am 10. October 1582 erliess der Herzog von Anjou ein Placaat, welches befahl, nach dem 14. den 25. October zu zählen. Groot Placaatboek I, 395. In Folge dessen nahm die Staatskanzlei den neuen Kalender an, doch, wie es scheint, erst seit dem 15/25. December 1582. Holland und Seeland zählten zufolge Beschluss vom 19. December 1582 nach dem 1. Januar 1583 den 12. Friesland, Geldern, Oberyssel, Utrecht und Gröningen folgten dagegen erst im Jahre 1700 den deutschen Protestanten im Anschlusse nach.

2) Fabricius bei Kaltenbrunner 531. (Aehnlich äusserte sich Tycho de Brahe, das. 584.) Rasch N. 29 des Anhangs fol. 26 fg. Röst N. 24 des Anhangs fol. 8 fg. P. Guldin Refutatio elenchi a Setho Calvisio conscripti 1612, p. 5 fg.

3) Mästlin in N. 11 des Anhangs, fol. 50 fg. Vgl. das Gutachten der tübinger Universität bei Sattler Geschichte des Herzogthums Würtenberg V, Beilagen S. 50 fg., und die Eingabe der unterösterreichischen Prediger bei Wiedemann a. a. O. I, 440 fg.

Hätten der Kaiser und die Reichsstände beider Bekenntnisse, sagte Osiander,[1]) die Besserung des Kalenders nötig erachtet, sie etlichen gelehrten Leuten übertragen und sie als politisches Werk durch Reichstagsbeschluss angeordnet, wie die römischen Kaiser Cäsar und Augustus gethan haben, dann wäre es vor Gott keine Sünde, ihn anzunehmen, denn solche Dinge geben und nehmen der Religion nichts. Aber der Kalender kommt vom Papste, der ihn anordnet, als ob er unser aller Seelsorger, Bischof und Herr wäre. Er ist nicht unser weltlicher Herr und hat uns als solcher nichts zu gebieten. Noch weniger aber können wir ihn als obersten Bischof anerkennen, „dann wir Gottlob in Deutschland wissen, dass der Papst zu Rom der wahre Antichrist und ein Feind unsers Herrn Jesus Christus ist, als der die reine Lehre des hl. Evangelii gräulich lästert und anathematisiert, falsche und abgöttische Gottesdienste verteidigt und fortpflanzt und fromme und unschuldige Christen gräulich als ein grimmiger Wolf zerreisst und frisst, wo sie ihm werden mögen. Und wird uns dieser gräuliche Wehrwolf (vermittelst göttlicher Gnaden) nicht mehr bereden, dass wir einen solchen reissenden Wolf für einen Hirten und getreuen Bischof ansehen. Zum Teufel mit einem solchen Bischof und Hirten, der seine Schafe frisst und ihre armen Seelen dem Teufel in den Rachen zu stossen begehrt. Wir erkennen den Papst zu Rom für die babylonische Hure (wie ihn der Apostel Johannes in seiner Offenbarung am 17. Capitel nennt), welche nunmehr längst vom Blute der Heiligen trunken worden und vom leidigen Teufel mit allerlei geistlicher und leiblicher Unreinigkeit (als mit Franzosen und Aussatz) beschmeisst und vergiftet ist. Wer nun mit dieser babylonischen Hure buhlen und ihr zu Gefallen ihren Kalender annehmen will, der mag es auf seine Gefahr thun. Wir aber wollen der Hure müssig gehen, wie wir auch den Papst nicht für unseren Bischof und Seelsorger, sondern für einen gräulichen Seelenmörder erkennen. Darum, wenn wir gleich sonst diesen Kalender für gut hielten, jedoch, wenn uns ihn der Papst aufdringen will, sollen wir ihn hinwerfen." In jenem Falle müssten wir ihn sogar dann um der christlichen Freiheit willen verwerfen, wenn der Papst ein Lehrer des reinen Wortes wäre, denn äusserliche und gleichgültige Dinge sollen nicht zur Gewissenspflicht gemacht werden.

---

1) N. 11 des Anhangs fol. 99 b fg.

Von diesem Standpunkte aus hatten die Prediger zu Augsburg sich dem Beschlusse des Rates, gleich den Nachbarn den neuen Kalender anzunehmen, mit solcher Hartnäckigkeit widersetzt, dass sie schliesslich ausgewiesen wurden. Zwischen ihnen und dem Rate sowie dessen Anhängern wurden zahlreiche Schriften gewechselt und auch in den Veröffentlichungen über den Kalender sowie in einer Reihe von Liedern wurde der Streit wiederholt erwähnt oder behandelt.[1])

Im Hinblick auf denselben hielt an der Universität Tübingen der Professor der Theologie Jakob Heerbrand eine Disputation über Thesen, welche er dann veröffentlichte.[2]) In der Widmung an die augsburger Prediger sagt er: Ich habe eure Antwort auf die Schrift eines Advocaten eurer päpstlichen Gegner, der sich diesen verkauft hat, gelesen.[3]) Jener sucht aus den Schriften Luthers und Anderer die Zulässigkeit der Annahme des neuen Kalenders aufs schmählichste darzuthun. Ihr habt ihm trefflich geantwortet und ihr habt Recht, dieses trojanische Pferd nicht in eure Kirche zu lassen. Da nicht nur im Reiche sondern auch im Auslande über den Kalender so viel gestritten wird, habe auch ich Thesen verfasst. Ich sehe, dass ich mit euch völlig übereinstimme. Alle Frommen und Einsichtigen wissen, dass hinter dem Kalender der Satan steckt, „denn wie er ein Lügner und Menschenmörder ist, so sinnt er nicht nur durch diesen Kalender des Antichrists auf Trennung der Gemüter, gegenseitigen Mord und Zerfleischung, sondern er sucht auch den verfallenen und durch Gottes Wort umgestürzten Stand seines Reiches (den Primat) und seine frühere Jurisdiction und volle Herrschergewalt herzustellen." Sagt er doch in seiner Bulle: „mandamus". Hat er erst durch unsere Sorglosigkeit seine Gewalt wieder erlangt, dann wird er mit sieben schlimmeren Geistern wiederkommen, alle seine Abgötterei allmählich einführen und uns sein tyrannisches Joch wieder auflegen. Der Zweck seines Kalenders ist, dass die Feste der Heiligen zu rechter

---

[1] Vgl. über den Streit Stetten Geschichte von Augsburg II, und Häberlin N. T. Reichsgeschichte XIII, 443 fg., 527 fg.; XIV, 319 fg, 494 fg., 503 fg, 647; XV, 95, 239, 243, 418, 435, 446, 495, der sich vorzugsweise auf Stetten stützt. Da Kaltenbrunner eine actenmässige Darstellung des Streites in Aussicht gestellt hat, gehe ich nicht näher auf ihn ein.

[2] N. 13 des Anhangs.

[3] Sie ist mir unbekannt; ihr Verfasser dürfte der Rats-Advocat Dr. Tradel gewesen sein.

Zeit gefeiert werden sollen. Damit wird zugleich die verabscheuungswürdige Abgötterei mit verstorbenen Menschen erneuert. Vom Dogma ist allerdings im Kalender nicht die Rede, aber wie der Teufel kann auch der Papst den Bocksfuss nicht verbergen, indem er des Concils von Trient gedenkt, welches er zu vollstrecken wünscht, während es ein Lernasee aller Uebel, eine Pfütze aller Gottlosigkeit, ein Zusammenfluss und Meer aller Irrtümer schrecklichster Art ist." Den Anfängen muss man widerstehen. Wachet also ihr Kirchenhirten über eurer Heerde und nehmt nicht das babylonische Joch wieder auf euch.[1])

In seinen Thesen führte dann Heerbrand unter rohen Schmähungen gegen den Papst und mit vielfachen Wiederholungen aus, dass die Festfeier zwar zu den für die Christen gleichgültigen und freigestellten Dingen, zu den Adiaphora oder Mitteldingen, wie die Theologen jener Zeit sich ausdrückten, gehöre, der Kalender aber wegen seines papistischen Ursprungs, wegen seines rein kirchlichen Gepräges und Zweckes und weil der Papst die Annahme bei seinem Banne befehle, ohne Verrat am evangelischen Glauben und der christlichen Freiheit nicht angenommen werden könne; auch einer weltlichen Obrigkeit, welche die Beobachtung befehle, dürfe nicht gehorcht werden, weil einerseits die Ordnung der Festfeier nur den Geistlichen und der Kirche zustehe und man sich anderseits durch Annahme des Kalenders unter allen Umständen dem Papste und Antichrist unterwerfe.

Ganz in demselben Sinne wie Heerbrand und Osiander spricht sich ein ohne Zweifel von ihnen beeinflusstes, wenn nicht verfasstes Gutachten[2]) aus, welches am 24. November a. St. 1583 von Rector, Kanzler, Doctoren und Regenten der Universität Tübingen dem Herzoge von Wirtemberg auf dessen Erfordern erstattet wurde, nachdem er die kaiserliche Einladung zur Annahme des neuen Kalenders erhalten hatte. Namentlich wurde hier betont, dass nach Luther das kaiserliche Papsttum

---

1) Die Widmung ist datiert: Tubingae die aequinoctii verni anno a nato Christo 1584, also noch vor der Vertreibung der Prediger geschrieben. Heerbrand bemerkt: „Vehementer mihi etiam probatur moderatio vestra, modestia atque obedientia erga magistratum vestrum in omnibus, quae non cum verbo Dei pugnant et illaesa fieri possunt conscientia." So werdet ihr jedem Tadel entgehen und der Gott des Friedens wird euch beistehen und euch gegen die Ränke der Gottlosen schützen.

2) Sattler Geschichte des Herzogthums Würtenberg V, Beilagen S. 50 fg.

ebenso unzulässig sei, wie das päpstliche Kaisertum und die weltliche Obrigkeit in Kirchenangelegenheiten nur mit Beirat der Geistlichen Anordnungen treffen dürfe.[1]) Ausserdem wurden einige neue Gründe gegen die Annahme des Kalenders geltend gemacht. Nicht nur begehre der Papst durch jenen, der gleichsam der erste Buchstabe seines ABC sei, den Fuss in die evangelische Kirche zu setzen, sondern er greife zugleich den Reichsständen nach ihren Fürstenhüten und Regierungen und versuche, ob sie ihn als ihren Herrn leiden wollten. Dass dies seine Absicht, erhelle daraus, dass er jüngst den Churfürsten Gebhard von Köln gegen den Churfürstenverein und ohne Bewilligung der Reichsstände seiner churfürstlichen Würde entsetzt habe. Gleiches werde er auch gegen die evangelischen Fürsten unternehmen, wenn sie sich nicht rechtzeitig wehrten. Durch den passauer Vertrag und den Religionsfrieden sei ferner die päpstliche Jurisdiction über die Protestanten gänzlich aufgehoben: diese Freiheit würden sie aufgeben, wenn sie sich durch Annahme des Kalenders dem Papste wieder einigermassen unterwürfen. Endlich wäre es ein gefährlicher Eingang, wenn sie es zuliessen, dass der Kaiser, vom Papste verhetzt, ihnen in Religionssachen Mass und Ordnung gebe; dadurch werde der Religionsfriede geschwächt und es schwer gemacht werden, sich in Zukunft weiterer Zumuthungen zu erwehren. Sehr leichtherzig äussert sich dann das Bedenken über die aus der Kalenderverschiedenheit zu erwartende Verwirrung und Zwietracht. Wenn man die beiden Kalender neben einander drucke, könne sich Jeder leicht danach richten und Handel und Wandel ihren gewohnten Weg gehen. Seit Jahren würden ja von den Papisten etliche Feste gefeiert, die bei den Protestanten nicht gehalten werden, und in einigen Reichsstädten seien beide Religionen in derselben Kirche üblich, ohne dass darum die Welt untergegangen. Gewiss werde sich auch der Kaiser nicht vom Papste verhetzen lassen, gegen die ihm sonst durchaus gehorsamen evangelischen Stände wegen des Kalenders etwas Thätliches vorzunehmen, da ja sogar einige papistische und sogar geistliche Stände jenen noch nicht angenommen hätten. Entstehe aber irgendwo Unruhe,

---

1) Aehnlich äussert sich die Schrift bei Wiedemann Gesch. d. Ref. und Gegenref. im Lande unter der Enns I, 448 fg.

so trügen nicht die Protestanten die Schuld, weil sie den neuen Kalender nicht erdacht hätten. Dass die evangelischen Reichsstände selbst eine Verbesserung des alten Kalenders, „die doch der päpstischen nicht allerdings gleich wäre," vornähmen, wird nicht rätlich gefunden, weil diejenigen, welche schon den neuen Kalender eingeführt, sich nicht anschliessen, etliche Protestanten vielleicht auch beim alten Kalender verharren und die Deutschen so drei verschiedene Kalender bekommen würden. Könnte aber der Kaiser bewogen werden, mit den Reichsständen einen Kalender zu verfassen, „der nicht vom Papste herkäme," so könnte man den annehmen. Um eine gemeinsame Antwort seitens der evangelischen Reichsstände an den Kaiser zu vereinbaren, empfiehlt das Gutachten eine allgemeine Zusammenkunft, zumal auch äusserst nötig sei, zu beraten, „wie des Papstes Praktiken, womit er die reine Religion zu unterdrücken trachtet, gehindert werden mögen, dann der Satan gewisslich nicht feiert, sondern sich unterstehen wird, einen grossen Jammer anzurichten." Schliesslich wird das Verhalten der augsburger Prediger entschieden gebilligt und dem Herzoge Unterstützung derselben angeraten.

X.

So heftig regte sich der Fanatismus gegen die Kalenderänderung, seit sie als Religionssache betrachtet wurde, dass der schon erwähnte tübinger Kalendermacher Schulin es nötig fand, sich gegen den Verdacht der Hinneigung zu den Papisten öffentlich zu verwahren,[1] nachdem der Verleger seinem Kalender eine die Massnahmen Gregors XIII billigende Vorrede des görlitzer Astronomen Bartholomäus Scultetus[2] vorgedruckt hatte.

---

1) N. 18 des Anhangs.
2) Meine in der Hist. Zeitschrift, N. Folge VI, 133 ausgesprochene Vermutung, dass Scultetus Katholik gewesen sei, ist mir wieder zweifelhaft geworden, da ich bei S. Grosser Lausitzische Merkwürdigkeiten, 1714, I, 208 fand, dass er zuerst Professor am Gymnasium zu Görlitz, dann Ratsherr und zuletzt Bürgermeister daselbst war. Solche Stellungen konnte in der protestantischen Stadt doch ein Katholik nicht einnehmen. Hingegen spricht wieder für meine Annahme eine Stelle in einem: Allmanach und Schreibkalender auffs Jahr nach der Menschlichen Geburth Jesu Christi 1583 ... Durch Bartholomäum Scultetum von Görlitz, der Mathematischen Künsten besondern Liebhaber. Gedruckt zu Görlitz durch Ambrosium Fritsch. 4°. (Dresden, Staatsbibliothek, Chronol. 703.) Dort

Indes war der Abscheu der tübinger Theologen gegen die Gemeinschaft mit dem Antichrist und das Buhlen mit dem babylonischen Fräulein doch nicht so stark, dass sie seinetwegen etwa Kirchen ihres Bekenntnisses hätten zu Grunde gehen lassen wollen. Der Geist der christlichen Märtyrer, welche den Tod erlitten, um nicht vom Opferfleische zu essen, war den Vorkämpfern der Concordienformel nicht eigen, wie tapfer und grimmig sie auch gegen das Papsttum fochten.

Osiander stellte sich bereits 1583 in Bezug auf Augsburg die Frage,[1]) was denn die Pflicht gebiete, wenn in einer kirchlich gemischten Reichsstadt die überwiegend papistische Obrigkeit den Protestanten den neuen Kalender aufzwingen wolle und es darauf stehe, dass man die Kirchendiener entlasse. Mein Rat ist, entscheidet er darauf, dass weder Kirchendiener noch Gläubige gegen das Gebot etwas Aufrührerisches vornehmen, sondern unterthänig bitten sollen, dass, wie ihnen die Uebung der augsburgischen Confession kraft des Religionsfriedens gestattet ist, ihnen auch hierin die christliche Freiheit gelassen werde; schlösse aber der Rat die Kirchen an den Festen des alten Kalenders, so sollen die Prediger an den Tagen, wo ihnen gestattet ist zu predigen, sich mit gebürlicher Bescheidenheit also erklären und dem Papste „die laudes also singen", dass männiglich verstehet, wie sie in den Kalender nicht gewilligt haben. Dann sind sie entschuldigt, denn Gewalt leiden, ist nicht Unrecht thun.[2])

---

heisst es nämlich in der Inhaltsübersicht: „Diesem nach folgen die bräuchlichen Namen der Feier- und Werktage, wie sie nach Einsetzung der katholischen Kirche von Anfang her bei den occidentischen Christen unter dem römischen Stuhle sind eingesetzt und zu halten verordnet." Einige weitere Nachrichten über Scultetus gibt Grosser a. a. O. I, 211 und II, 51. Vgl. auch Wolf Geschichte der Astronomie 144, 270, 365. Abraham Hosmann Genealogia Austriaca sagt in der Vorrede p. 36: „Ueber das ist mir auch zu diesem und andern meinem Vornehmen nicht wenig beförderlich gewesen der ehrenveste, achtbare, hochgelehrte, hoch- und wolweise Herr, M. Bartholomäus Scultetus, weitberühmter, hocherfahrener Astrologus und Mathematicus, Bürgermeister zu Görlitz, der mit Darreichung alter Monumenta, gewissen Verzeichnissen und allerhand gedenkwürdigen Sachen nicht wenig gedient und gefördert hat."

1) N. 11 des Anhangs fol. 101 b

2) Allzu scharf deutete der katholische Bauernratschlag diese Stelle aus. N. 21 des Anhangs fol. 5 b fg. Du sagst, erwidert er der Bauernklage, der Papst errege Unruhen, wie schon manche Stadt spüre. Ja, noch wir wissen, was Dr. Müller [der Führer der Prediger] ohne Zweifel auf Osianders Rat in Augsburg angefangen hat. Hätte er Pauli' und Irenäus' Worte über die Festfeier gelesen, so hätte er wol nicht um freigelassener Dinge willen Zwiespalt erregt, da sie der Lehre nichts geben noch nehmen. Christen sollen ihrer Obrigkeit in Allem gehorchen, was nicht gegen

Strenger äusserte sich in seinen Thesen Heerbrand, da er ja die augsburger Prediger zum Widerstand ermutigen wollte. Er erklärte die Annahme des neuen Kalenders unter anderem deshalb für unzulässig, weil derselbe zum Zwecke der Heiligenverehrung gemacht sei und man sich mithin der Abgötterei des Papsttums teilhaftig machen würde. Indes bemerkte auch er:[1] „Unter die Zahl derer, welche sich der Abgötterei durch Annahme des neuen Kalenders schuldig machen, wollen wir diejenigen nicht rechnen, welche wider ihren Willen und mit Gewalt von ihrer Obrigkeit, der sie unmittelbar unterworfen sind und an der sie selbst nicht teilhaben, zur Annahme gezwungen werden und zwar in der Weise, dass sie weder in geistlichen noch in weltlichen Dingen irgend etwas anders als nach dem neuen gregorianischen Kalender handeln können, obwol sie vorher alle gesetzlichen Mittel mit grösstem Eifer, doch alle vergeblich, dagegen versucht haben."

Er hatte hierbei die Stände Steiermarks im Auge, deren Predigern er zwei Monate vorher im Verein mit Osiander und den übrigen Theologen der tübinger Universität unter entsprechenden Ausführungen widerraten hatte, wegen der Annahme des neuen Kalenders ihre Kirchen zu verlassen, da man durch diese ja nicht zur falschen Lehre und Abgötterei gezwungen werde.[2] In demselben Sinne hatte sich gleichzeitig das wirtembergische Consistorium ausgesprochen,[3] welches schon im vorhergehenden Jahre einen Prediger zu Linz ähnlich beschieden hatte.[4]

Gottes Wort ist. Jetzt sehen Alle, dass eure Herzen nur zu Krieg und Unfrieden geneigt sind. Herrschtet Ihr über weite Länder wie der Papst, der Kaiser und die katholischen Fürsten, so würdet Ihr die Zahl der wahren Christen bald klein machen.

1) N. 13 des Anhangs p. 40.
2) J. Zahn Der Kalenderstreit in Steiermark, Mittheilungen des historischen Vereines für Steiermark XIII, 146.
3) Sattler Geschichte des Herzogthums Würtenberg V, 66 fg. Dies Gutachten dürfte nach der bei Zahn mitgeteilten Stelle wörtlich wie das der tübinger Universität gelautet haben, was um so wahrscheinlicher ist, als die vier Mitglieder des Consistoriums auch jenes mitverfassten.
4) Raupach Evangelisches Oesterreich, Zweite Nachlese 153 fg. Befremdlich ist es gegenüber diesen Aeusserungen der Tübinger, dass der oberösterreichische Prediger Friedrich Stock in dem bei Raupach Dritte Fortsetzung 44 Anm. k. mitgeteilten Briefe vom 22. Sept. a. St. 1585 sagt, die Flacianer seien in ihrem Widerstande gegen den neuen Kalender vornehmlich „scriptis et sermonibus Tubingensium, in refutandis erroribus aliis academicis prudentiae et industriae laudem praeripientium, confirmati." Bezog sich dies auf Osianders und Heerbrands Druckschriften?

Diese weltkluge Nachgiebigkeit gegen den Antichrist wurde jedoch von den Flacianern, welche die schroffsten Vertreter der lutherischen Rechtgläubigkeit und die alten Gegner der Adiaphoristen waren, mit gleicher Leidenschaftlichkeit wie einst das Interim verurteilt. Einer von ihnen, M. Marcus Volmar, Pfarrer zu Michelhausen in Oesterreich unter der Enns, überreichte dem Landtage zu Wien im December 1583 eine Schrift, welche unter heftigen Schmähungen gegen Osianders Buch über den Kalender und gegen die Anhänger der Concordienformel überhaupt die Annahme der päpstlichen Neuerung für unzulässig erklärte,[1]) und im März 1585 erwiderten sieben andere Pfarrer Unterösterreichs ihren Patronen, die sie bei fortgesetztem Widerstande gegen den neuen Kalender mit Entlassung bedrohten, dass sie Gewissens halber lieber ins Elend wandern, als dem Antichrist hofieren würden; könnten sie doch dem Papste oder Teufel (denn das sei ein Ding) auch nicht gehorchen, wenn er ihnen geböte, das Vaterunser zu beten oder das Sacrament in beiderlei Gestalten zu empfangen oder etwas Anderes zu thun, das recht wäre.[2]) In Regensburg wurde sogar einem Predigtamtscandidaten aus Steyr die Ordination verweigert, weil die Oberösterreicher durch Annahme des neuen Kalenders Papisten geworden seien.[3])

Auch sonst verurteilten Eiferer die Gefügigkeit der Protestanten in den kaiserlichen Ländern als Glaubensverrat. Zacharias Rivander, Superintendent der Herrschaft Forste und Pfördten in der Lausitz, veröffentlichte 1586 eine Neujahrspredigt über die Kalenderänderung,[4]) weil er wisse, „wie gar crasse und impie etliche semidocti und Unverständige von dieser materia sentieren und halten, ja auch wol in publicis concionibus als die empirici und rechten spermologi an etlichen Orten

---

1) N. 27 des Anhangs.
2) Th. Wiedemann Geschichte der Reformation und Gegenreformation im Lande unter der Enns I, 439 fg. Dort wird S. 151 erwähnt, dass schon mehrere Prediger in Unterösterreich wegen ihres Widerstandes vertrieben seien.
3) Raupach III, Fortsetzung 43 fg. In der Schrift bei Wiedemann a. a. O. 441 heisst es, dasselbe sei zu Wittenberg und an anderen Orten geschehen und habe man von dort wie von Regensburg keine Prediger mehr dahin schicken wollen, wo der Kalender eingeführt worden. Diese Angabe muss in Bezug auf Wittenberg irrig sein, da die dortige Universität nicht der flacianischen Richtung angehörte und unter ihrer Aufsicht die gleich zu erwähnende Schrift Rivanders gedruckt wurde.
4) N. 26 des Anhangs.

unserer Nachbarschaft dieselbe berufen, da sie doch das Geringste nicht davon verstehen und nur wie Papageien Anderen ihresgleichen nachschwatzen und uns, die wir R. ksl. Majestät zum alleruntertähnigsten Gehorsam den neuen Kalender angenommen haben und halten, schimpflicher und leichtfertiger Weise Papisten nennen." Auch wisse er, dass Viele, die es nicht böse meinen, keinen rechten Bericht von der Sache haben, und dass Edle und Unedle oft bei den Pfarrern um Aufklärung anhalten und Viele, welche keine oder nur eine halbe Antwort erhielten, das Predigtamt gelästert haben und den Pfarrern feind geworden sind.

Rivander beginnt seine Predigt, indem er Gott dankt, dass derselbe Deutschland vor Krieg bewahrt habe, „obwol etliche unruhige Leute von hohem und niedrigem Stande meisterlich Ursache dazu gegeben und Lärmen geblasen" hätten. Doch herrsche überall Unruhe, die Pest suche alle Länder heim und aus vielen Zeichen sei zu merken, dass wegen der grossen Sünden und der verstockten Unbussfertigkeit der Welt gräuliche Landstrafen und schwere Veränderungen und Verwüstungen der Regierungen und Kirchen vor der Thüre ständen. Den jüngsten Tag sieht auch er nahe, doch findet er hierin nicht einen Grund die Aenderung des Kalenders als unnötig zu verwerfen.

Ueber diese äussert er sich mit grosser Vorsicht. Wiederholt tadelt er den Papst scharf, weil die Neuerung jählings und ohne irgendwelche vorgängige Beratschlagung mit denen, die billig, von Rechts wegen und alter Gewohnheit nach hätten zugezogen werden sollen, eingeführt sei; hinwieder aber macht er es auch den evangelischen Reichsständen nicht undeutlich zum Vorwurfe, dass sie nicht zur Beseitigung der grossen Verwirrung in allen weltlichen Händeln und des grossen Aergernisses in der Kirche ein christliches Einsehen hätten.[1]) Ausführlich verfolgt er

---

1) Rivander bemerkt weiter: Welchen Nachteil die Kalenderänderung gestiftet und zu welchem Gespött sie Anlass gegeben, wüssten namentlich die an den Grenzen Sitzenden sehr wol, „denn es nicht gesagt oder geschrieben werden kann, was Wunders man davon hört und erfährt, welches der Dichter des pasquillischen Gesprächs der zwei Bauern, so hiervon ausgangen, männiglich hat zu verstehen geben wollen, aber wenig ausgerichtet bei denen, so darauf zu sehen gebürt." S. 19 fg. Dass hier das Gespräch zweier meissner Bauern, vgl. N. 20 des Anhangs und oben S. 48 fg., gemeint sei, kann ich nicht glauben, denn dasselbe war gewiss nicht ironisch gemeint und spricht gerade von der entstehenden Verwirrung und Feindseligkeit nur nebenher. Eher ist an eine anonyme Schrift Rivanders selbst zu denken.

die Entstehung der Zeitrechnung überhaupt und die der Römer und der alten Kirche insbesondere.[1]) Dass das Concil von Nicäa jedes Fest an dem Tage gefeiert wissen wollte, zu dessen Gedächtnisse es eingesetzt ist, erklärt er für eine feine und christliche Ordnung und er billigt, dass Gregor XIII den sehr unrichtigen julianischen Kalender änderte, um jener Absicht des Nicānums gerecht zu werden, die Zeitrechnung mit den Gestirnen in Einklang zu setzen, das Verschieben der Winterfeste in den Sommer zu verhüten u. s. w. Ob die Aenderung dem Papste oder dem Kaiser zustand, lasse ich unerörtert, sagt er dann weiter; ebenso untersuche ich nicht, ob man einen besseren Weg zur Reform finden kann. Der Eine sagt dies, der Andere jenes, aber der, welcher durch die That den Beweis gibt, hat sich noch nicht gefunden. Oft ist früher die Berichtigung versucht, aber nie gelang sie. Auch Luther brachte sie vergeblich in Anregung. Nach ihm „hat man vor so vielen Corruptelisten und Schwärmern wider unsere reine Lehre der augsburgischen Confession, die in dem heiligen und nützlichen Buche der Concordienformel erklärt ist, soviel zu schaffen gehabt, dass man zu einem solchen grossen und schweren Werke wie der Verbesserung des Kalenders füglich nicht hat kommen können. Nun aber, weil die meisten Streitsachen, so wir zwischen uns selbst gehabt, beigelegt, mögen sich dieses löblichen Werkes unsere Potentaten erinnern und sich als löbliche Deutsche sehen lassen. Sed surdis narro fabulam. Wir brauchen das Geld lieber zu etwas Anderem etc. Hiervon nicht mehr; es heisst: Noli me tangere." Da Niemand vorging, hat endlich Papst Gregor Allen die Ehre abgelaufen.

Zu entscheiden, welcher Kalender der bessere ist, lehnt Rivander furchtsam ab. Entweder, sagt er, wird es heissen, ich fuchsschwänze dem Papste und denen, die seinen Kalender angenommen haben, oder

---

1) Es ist löblich, fährt Rivander fort, die Zeitrechnung nach den Gestirnen zu bemessen, wie Gott das ursprünglich gethan hat. Nur lasse man die Astrologie beiseite, sonst gibts gute Phantasten und Narren, wie an dem neuen beschmissenen Hauptpropheten, welchen der Bauernkrieger oder vollländischer Dorfschenker gern ausmalen wollte, zu sehen, davon ich nach der Länge in meinem Schreiben an einen vornehmen Landherrn gehandelt und dem Gecken die Narrenkappe und Schellen so gewiesen, dass wo er jetzt nur geht und steht, ein Jeder die Eselsohren an ihm sieht und spricht: Siehe, das ist der Meister, der den neuen Propheten aushecken und aus seiner unfundierten Apologie ausrechnen wird, wann der jüngste Tag kommen soll." S. 25. Wiederholt, z. B. S. 30, 52 und 53, erneuert Rivander diese Angriffe. Welche Schrift er im Auge hat, weiss ich nicht.

ich verderbe es mit den Fürsten und Gelehrten, die den neuen Kalender halten und verteidigen. Ueberdies ist die Entscheidung aus Gottes Wort gar nicht zu treffen, sondern es gehört viel Kenntnis der Astronomie und Geschichte dazu. Ich sage, der gregorianische Kalender ist insofern besser, als er dem ursprünglichen julianischen entspricht, der ersten Stiftung der Feste näher kommt und von den meisten und mächtigsten Fürsten der Christenheit beobachtet wird. Hingegen ist der alte insofern besser, als er nicht vom Papste, sondern von einem Kaiser herrührt und von den Anhängern der wahren Kirche beobachtet wird. Darin sind sie einander gleich, dass sie beide von Rom herkommen, und gleichwie der alte von einem heidnischen Kaiser, der sonst nicht viel Gutes gethan hat, so ist der neue vom Papste gestellt, von dessen Tugenden wie von denen fast all seiner Vorfahren man sehr wenig weiss. Ich meine, Jeder kann nach eigenem Gewissen den einen oder den anderen halten, wenn es nur ohne Aergernis geschieht.

Die Einigkeit, fährt der vorsichtige Pfarrherr fort, könnte nur hergestellt werden, wenn der alte Kalender allein beobachtet würde. Aber dieser ist unrichtig und wird immer unrichtiger. Auch würde es scheinen, als wollten unsere hochlöblichen und hochverständigen deutschen Fürsten und Herren ihrem von Gott durch vorhergehende ordentliche Wahl und Bestätigung vorgesetzten Haupte, dem Kaiser, welcher sich des neuen Kalenders nunmehr angenommen hat, vorgreifen, welches viel, viel und sehr viel Hochschädliches und Gefährliches verursachen würde. Der Kaiser würde es schimpflich finden, dass er den Fürsten weichen sollte, und es würden sich wol Leute finden und sollte es der Papst selbst sein, welche ihm das übertreibend vorhielten und ihm zu anderen hochschädlichen Sachen Anreizung gäben. Anderseits kann auch nicht wol der neue Kalender allein beobachtet werden. Dieser ist ohne Beratung mit denen, die dazu gehören, vom Papste veröffentlicht und, als man ihn nicht auf Befehl des Papstes annehmen wollte, vom Kaiser angeordnet worden, was die Fürsten als Schmach und Verachtung auslegen könnten. Es könnte ferner scheinen, als feierten wir wieder dem Papste, dem wir doch spinnenfeind und gram sind. Drittens beschämten wir unser ganzes Deutschland und alle seine Fürsten und Gelehrten, als hätten sie nicht zu finden gewusst, dass der alte Kalender unrichtig und wie ihm zu helfen sei, wenn es nicht vom Papste und seinen wälschen Leckern hergekommen wäre. Endlich würde es scheinen, als vergäben die Deutschen etwas von ihrer Freiheit, für die ihre Vorfahren Gut und Blut in die Schanze geschlagen haben, und sie müssten besorgen, dass man ihnen mit Aufnötigung von allerlei Reformen so lange zusetzte, bis es ganz um ihre Freiheit geschehen.

In diesen Ausführungen gegen den neuen Kalender wiederholt Rivander nur die gewöhnlichen Gründe seiner Glaubensgenossen, um seine Rechtgläubigkeit ausser Zweifel zu setzen. Seine wahre Meinung gibt er kund, indem er eine Verständigung für möglich erklärt, falls die Häupter des Reiches zusammenkämen und Jeder etwas nachgäbe.

Auf gleichen Umwegen führt er die Frage zur Entscheidung, ob beide Kalender neben einander zu behalten seien. Er fügt den in der Regel aufgezählten Nachteilen hinzu, dass die Ausländer schliessen würden, wenn die Deutschen in einer so geringen Sache nicht einig seien, sie es noch weniger in grösseren sein würden, und dass so jenen Mut gemacht werde zum Angriff auf das Reich. Das, fährt er dann pflichtschuldig fort, ist auch, wie ich glaube, des Papstes Hauptabsicht und sein Suchen, dass, wie im Kalender viele Namen rot gezeichnet sind, so er sich im Blute der Ketzer erlustigen möchte. Aber nur um so mehr betont er wieder die Notwendigkeit der Einigung. Schon, sagt er, gibt es unter dem Volke Streitigkeiten; „denn gleichwie es vor wenigen Jahren zuging, da der Streit zwischen Victorino und Flacio war, nämlich, wo zwei bei der Zeche zusammenkamen, examinierten sie einander und disputierten so mit einander, dass sie sich die Argumente gegenseitig auf den Kopf solvierten, oder wie es noch jetzt leider geht, dass Einer calvinisch, der Andere der Concordienformel zugethan sein will, also ist es mit den beiden Kalendern auch: da kalendert sich's im Zechen so lange, bis man endlich des Kalenders vergisst und gar kälbern und kollern wird und auf einander zuschlägt wie auf die tollen Hunde. Dann bekommen Bader und Barbiere zu flicken, die Richter das Strafgeld, die Leute die geflickte Haut und bleiben die Kalender nichtsdestoweniger einmal wie das andere." Eindringlich ermahnt daher Rivander den Kaiser und die Fürsten zur Beseitigung des Zwiespaltes.

Diese durch Herstellung eines dritten, besseren Kalenders zu er-

reichen, erachtet er für unmöglich. Der Papst wird seinen Kalender
nicht aufgeben und die Fürsten werden einem anderen einzelnen Manne
nicht leicht folgen. Jener würde auch ein neues Concil berufen wollen,
diese aber würden es nicht beschicken. Geht man nicht im Einverständ-
nisse mit dem Papste vor, so wird derselbe das nötige Geld nicht her-
schiessen, unseren Fürsten aber werden die Kosten zu gross dünken und
die Gelehrten selbst vermögen sie nicht zu tragen. „Die Stifte und
Klöster, so zu solchem und dergleichen gewendet, sind weg, zerrissen
und in prophanum usum, das ist zu weltlichen Dingen gekommen; die
wenigen, die noch da sind, werden von den Harpyen täglich so ge-
zwackt und gerupft, dass schier weder Heu noch Futter, weder Stumpf
noch Stiel da ist." Diejenigen, welche sie innehaben, können mit den
Einkünften nicht zu ihrer Fleischeslust und Hoffahrt reichen, wenn sie
nicht die Unterthanen aufs äusserste aussaugen, und was sie haben, wird
verprasst. Auch sind die Fürsten und Gelehrten unter einander uneinig.
Ich würde daher raten, dass man die überzähligen Tage allmählich aus-
liesse und einen Kalender machte, der vom julianischen weniger als der
gregorianische abwiche.

Auch die baldige Ausführung dieses — gewiss nicht ernst gemeinten —
Vorschlages bezeichnet Rivander indes als unwahrscheinlich und so führt
er denn zur Beruhigung derjenigen Christen, welche auf Befehl der
Obrigkeit den neuen Kalender annehmen müssen, die Erörterungen Luthers
über die Mitteldinge und die Feier des Osterfestes an. Diese in der
Concordia wiederholten Worte, sagt er, enthalten die göttliche Lehre.
Meine Meinung ist daher: Würde uns der Kalender vom Papste oder
vom Kaiser dergestalt zugeschickt, dass ohne ihn unser Gottesdienst
nicht recht sein sollte und dass er zur Gewissenssache gemacht würde,
dann könnten wir ihn nicht ohne Sünde annehmen. Wir müssten dann
trachten, ihn ohne Aufruhr abzuwenden. Würde man aber das Begehren
um weltlicher Ursachen willen an uns stellen, so könnten wir wohl will-
fahren, doch mit dem Vorbehalte, dass wir den Papst durchaus nicht für
unser Haupt hielten, sondern den Kaiser, dem wir, soweit es ohne Sünde
geschehen kann, zum Gehorsam verpflichtet sind. Wo also der Kaiser
die Hoheit hat und Gottes Wort ungehindert üben lässt, da sind wir
schuldig, auf sein Geheiss den neuen Kalender, mag ihn gemacht haben

wer will, anzunehmen, zumal derselbe für weltliche Angelegenheiten nützlich ist. Dass die evangelischen Reichsstände ihn gleichwol nicht angenommen haben, dazu, bemerkt der rücksichtsvolle Pfarrer, haben sie freilich viele Ursachen, die ich schon erwähnte. Noch eine will ich beifügen. Gewiss sucht der Papst mit seinem Kalender nur, sich wie ein Dieb in unsere Kirche zu schleichen, um dann nach seinem Gefallen darin zu hausen, und er will ein Blutbad in Deutschland anrichten. Wir müssen es lieber auf einen Krieg ankommen lassen, als dem Papste Einmischung in unsere Kirchen gestatten. Die deutschen Fürsten aber werden durch ihre Gelehrten Rat halten lassen, wie dem Zwiespalte abzuhelfen ist, ehe der kleine Funke zur Flamme wird. Ohnehin, schliesst dann Rivander an die Einleitung anknüpfend, lässt es sich ansehen, als ob grosse Veränderungen in allen Ständen im Anzuge seien, und es naht das Jahr 1588, für welches der bekannte Spruch [1] grosse Wunder vorhersagt. Zu diesen kann die Kalendertrennung und die Conjunction der oberen Planeten die Vorbereitung sein, wiewol ich und alle rechten Christen hoffen, dass der liebe jüngste Tag bald kommen werde.

Die schüchtern versteckten Mahnungen des lausitzer Pfarrers verhallten ungehört. Einzelne Glaubensgenossen mochten mit ihnen einverstanden sein. Der grosse Astronom Tycho de Brahe hatte sich in Briefen sofort für die Annahme des neuen Kalenders ausgesprochen und den Widerstand der augsburger Prediger unbedingt verurteilt. 1597 befürwortete auch Kepler jene in einem Schreiben an Mästlin dringend, damit die nachteilige Absonderung der deutschen Protestanten von der Zeitrechnung ihrer katholischen Landsleute und Nachbarn aufhöre; der gregorianische Kalender sei doch unstreitig besser als der julianische und dem Papste habe man hinlänglich bewiesen, dass man die Neuerung nicht auf seinen Befehl hin annehme. Er verfasste auch eine deutsche Schrift, um diese Gedanken vor weiteren Kreisen zu vertreten, doch wollte er dieselbe nicht unter seinem Namen herausgeben und schliesslich nahm er von der Veröffentlichung gänzlich Abstand.[2] Der Hass gegen den Antichrist zu Rom, welchen die Protestanten jener engherzigen

---

[1] S. S. 26.
[2] Kaltenbrunner 673 fg., 583 fg.

und in fanatischer Theologie verstrickten Zeit als eine der besten Errungenschaften der Reformation und als einen wesentlichen Bestandteil christlicher Vollkommenheit ansahen, mochte nach wie vor alle Erwägungen politischer und bürgerlicher Zweckmässigkeit unwirksam.

Auf dem Reichstage von 1598 hatten sogar die evangelischen Reichsstände in einer an den Kaiser gerichteten Beantwortung katholischer Beschwerden erklärt: Was den neuen Kalender betreffe, so könnten sie die angemasste Obrigkeit des Papstes nicht anerkennen; die der weltlichen Obrigkeit zustehende Aenderung sei „nicht so fast zu besserer Richtigkeit mathematischer Calculation als zu einem Kennzeichen seiner jederzeit gesuchten Superiorität über alle Stände der Christenheit geschehen, ausserhalb welcher solche an sich selbst nicht unnötige noch auch unnütze Emendation und Reduction der Zeit auch wol durch seinen des Papstes Antrieb, wenn ihm ja soviel an den Festen und Feiern gelegen, aber billiger durch einen römischen Kaiser, um anderer erheblicher Ursachen und Nutzbarkeiten willen hätte beschehen können und sollen, weswegen die Evangelischen billig den Papst als einen Antichrist, der die Zeit verändert, beschuldigen." [1])

XI.

Die Katholiken fanden sich in der Abwehr der protestantischen Angriffe dadurch behindert, dass die Begründung und die wissenschaftliche Rechtfertigung der Neuerung von Seite der römischen Curie so lange auf sich warten liess. Sie entbehrten somit einerseits der nötigen Unterlage für ihre Verteidigung, anderseits mussten sie fürchten, sich mit ihrem geistlichen Oberhaupte in Widerspruch zu setzen.

Zum Teil beschränkten sie sich deshalb darauf, den neuen Kalender und die päpstlichen Verordnungen nachzudrucken. So geschah es in dem 1583 zu München veröffentlichten Kalendarium Romanum[2]) und in anderen

---
1) Lehmann Acta de pace publica I, 241 mit der Berichtigung bei Senkenberg N. T. Reichsgeschichte XXI, 345 Anm. t. Das. Anm. n wird ein bei Lehmann fehlender Zusatz mitgeteilt: „Wie dann etliche vortreffliche Mathematici (des Kaisers eigener Mathematicus, Ditmarus Ursus, wie auch Albinus) ad oculum demonstriret, dass solche unrichtige emendatio unwiderleglich verursachte, dass man dieses Jahr drei Ostern haben werde." Den Sinn dieser Stelle verstehe ich nicht.
2) N. 4 des Anhangs.

katholischen Gebieten dürfte ähnlich verfahren sein. Noch 1595 begnügte sich der würzburger Professor Adrianus Romanus, ohne jede Polemik lediglich die Regeln für den Gebrauch des alten und neuen Kalenders zusammenzustellen.[1]) Ein 1583 zu München erschienener deutscher Almanach[2]) wagte nur, die Versicherung zu geben, dass die Aenderung auf Anhalten und mit Wissen und Willen des Kaisers und anderer Fürsten erfolgt sei, und auf die den Gelehrten längst bekannten Fehler der alten Osterrechnung hinzuweisen. Entsprechend verfuhr ein 1584 mehrfach gedruckter Bericht[3], welcher die Geschichte der Kalenderänderung etwas ausführlicher behandelte. Der Professor der Mathematik zu Köln, Theodor Graminaeus aus Roermonde[4]) begrüsste 1583 in einer Mahnung[5]) an den Kaiser und die deutschen Fürsten zur Einführung des Kalenders diesen als ein Vorzeichen, dass die Reformation der Kirche, durch welche die Reinheit des Glaubens und der Sitten in Europa und namentlich in Deutschland hergestellt werden solle, in Kürze erfolgen werde, wie er sie nach dem Zeugnisse der hl. Schrift erwarte und ihre Anfänge bereits wahrzunehmen glaube. Die erste Kalenderverbesserung sei ja durch Cäsar und August zur Zeit der Geburt Christi und die zweite vom Concil zu Nicäa, welches den Glauben erläuterte, vollzogen worden. Er wendete sich gegen die wissenschaftlichen Angriffe, welche ein zur frankfurter Ostermesse erschienenes Buch des Astronomen Moller[6]) wider die päpstliche Neuerung enthielt. Die übrigen Gründe der Protestanten gegen die Annahme derselben berührte er nicht und es konnte dieser gewiss nicht förderlich sein, wenn er bemerkte, abgesehen davon, dass sie vom Papste allen Fürsten der Welt und namentlich dem Kaiser als Schirmherrn der Kirche aufgetragen sei, verpflichte auch das canonische Recht alle Christen zu ihr.

Die erste umfassende Besprechung der protestantischen Einwände

---

1) N. 31 des Anhangs.
2) N. 1 des Anhangs.
3) N. 12 des Anhangs.
4) Bianco Geschichte der Universität Köln I, 689.
5) N. 3 des Anhangs.
6) Vgl. Kaltenbrunner 517 fg. und Hist. Zeitschrift N. F. VI, 135. Den Titel siehe N. 6 des Anhangs.

gegen den Kalender verfasste der wiener Mathematikprofessor Fabricius auf Befehl des Kaisers gegenüber dem Gutachten Mästlins, welches der Churfürst von der Pfalz nach Wien geschickt hatte. Diese Schrift wurde jedoch, soviel bekannt, nicht veröffentlicht.[1]

Flüchtig befasste sich dann 1584 der ebenfalls zu Wien lebende Johann Rasch mit der Abwehr der theologisch-bürgerlichen Gegengründe in seiner „Gegenpractic", welche den Glauben an das nahe Bevorstehen des Weltendes bekämpfte,[2]) und in einem „Neu, alljährigen Kalender",[3]) welcher eine Umarbeitung der gewöhnlichen, ewigwährenden Kalender nach Massgabe der gregorianischen Vorschriften bot. Das letztere Werkchen wurde 1586 nochmals, doch abgesehen vom Titel[4]) völlig unverändert, ausgegeben.[5]) 1590 endlich veröffentlichte Rasch in seinem „Neu Kalender" eine ausführlichere und allseitige Verteidigung der gregorianischen Schöpfung.[6])

Dieser errege nicht nur Streit beim Volke, sagt Rasch in der Vorrede, sondern werde auch benutzt, um dasselbe gegen die Obrigkeit zu verhetzen. Frage man, weshalb über den Kalender wie über fast Alles gestritten werde, warum der Gehorsam bei den Christen so sehr ge-

---

1) S. Kaltenbrunner 530 fg. Bei Wiedemann Geschichte der Reformation und Gegenreformation im Lande unter der Enns wird I, 438 und 445 eine Practica des Fabricius von 1584 und S. 441 ein Fragmentum von ihm erwähnt, worin er sich über den neuen Kalender äussere. Ob dort ein Teil oder ein Auszug der obigen Schrift mitgeteilt war, ist nicht ersichtlich. Vielleicht ist Fabricius auch mit dem oben S. 79 Anm. 1 erwähnten kaiserl. Mathematiker gemeint.

2) N. 17 des Anhangs. In der Inhaltsangabe sagt Rasch: Weil überall viele alte Weissagungen, auf das nahe Weltende gedeutet, umfahren und damit der Pöbel genarrt und die Obrigkeit verhasst gemacht wird, besonders aber weil der Sterndeuter, Wahrsager und Schwarmgeister kein Mass noch Ziel ist, welche aus der Conjunction der Planeten, die 1584 geschieht, den Untergang aller Geistlichen, der Religion, der Reiche und der Fürsten und alles Ueble weissagen, so will ich darlegen, was davon zu halten, als Vortrab eines grösseren Prophezeibuches.

3) N. 16 des Anhangs.

4) N. 25 des Anhangs.

5) Vgl. Kaltenbrunner 534.

6) N. 29 des Anhangs. In der aus Wien vom 25. Mai 1584 datierten Widmung an Erzherzog Maximilian sagt Rasch, er habe neben zwei lateinischen Tractätchen: de Innovatione temporis und de Christianissima Calendarii ecclesiastici ordinatione, „welche noch Anno 82 alsbald gar verschickt und verloren worden," auch ein deutsches Buch fürs Volk über den Kalender geschrieben. Diese drei Schriften sind mir unbekannt, falls nicht mit dem letzten N. 25 des Anhangs gemeint sein sollte. Weiter bemerkt Rasch, er habe das vorliegende Buch schon 1583 verfasst und es sei „von consilio ecclesiastico Monacensi passierlich erkennet" worden, dann aber beim Drucker liegen geblieben.

schwunden sei und warum die Religion an vielen Orten fort und fort geändert werde, so liege die Ursache davon grossen Teils darin, dass etliche hohe Herren den hitzigen Köpfen und Schriften zu viel Gehör gäben. Wohin letztere es in vielen Ländern gebracht, zeige die Erfahrung. Es ist dahin gekommen, versichert Rasch, ohne Zweifel mit Bezug auf die österreichischen Zustände, dass jetzt oft achtzehn Befehle eines Fürsten bei seinen Landsassen und Unterthanen kaum soviel wirken wie sonst ein einziges volo, dass an manchen Orten der Bauer dem Gebote des Landesfürsten nicht gehorchen darf ohne Erlaubnis seines Edelmannes und dass der Adel überall Freistellung der Religion fordert, aber seine Unterthanen mit Gefängnis, Schlägen und Ausweisung zu seiner Sektiererei zwingt. Mancher Landmann legt jetzt seinen Bauern den neuen Kalender auf, nicht auf des Landesfürsten, des Papstes oder des Bischofs Gebot oder der Pfarrer Kanzelverkündigung hin, sondern mit der Entschuldigung, er thue es nur seinen Nachbarn zu Gefallen. Als Grund des Widerstandes gegen den Kalender bezeichnet Rasch den Hass gegen das Papsttum. Er zählt dann die für und wider jenen veröffentlichten Schriften auf,[1]) gibt die Gründe der Neuerung gemäss der Einführungsbulle an und sucht alle Einwände der Protestanten zu widerlegen. Er verrät dabei jedoch weder viel Geist noch wissenschaftliche Einsicht und Kenntnisse. Hervorragend ist nur sein Stil, der an Unbeholfenheit und Verworrenheit den aller mir bekannten Schriften jener Zeit übertrifft und bisweilen trotz aller Vertrautheit mit der damaligen Ausdrucksweise geradezu unverständlich ist. Die dem Titel zufolge beabsichtigte Fortsetzung des Buches erschien, soviel bekannt ist, nicht.

Des 1585 erschienenen „Bauernratschlages" gedachte ich bereits.[2]) Gelegentlich eifert auch der durch Witz und Grobheit ausgezeichnete Barfüsser Johann Nas gegen die Widersacher des Kalenders,[3]) und mit beissendem Spotte fertigte der wiener Jesuit Georg Scherer schlagend

---

1) Sämmtliche von ihm aufgeführte Schriften sind mir bekannt bis auf einen: Commentariolus de Calendario, 4°. Heidelbergae 1585, den ich weder auftreiben konnte noch sonst erwähnt fand.

2) S. oben S. 30 fg.

3) In dem 1584 erschienenen Concordibuch p. 208. Ueber Nas s. Joh. B. Schöpf Johannes Nasus, Franziskaner und Weihbischof von Brixen, 1534—1590, Bozen 1860.

die plumpen Scherze Osianders in einer Schrift ab,[1]) die er 1587 aus Anlass einer anderen Fehde [2]) gegen denselben herausgab. Als Erwiderung auf Heerbrands Thesen liess der Jesuit Johann Busäus 1585 solche an der Akademie zu Mainz durch M. Peter Röst verteidigen und dann veröffentlichen.[3]) Röst widmete seine Schrift dem gerade in Mainz weilenden Bischofe von Metz, Herzog Karl von Lothringen. Die Angriffe der Protestanten gegen den Kalender führte er da auf den Hass und Neid derselben gegen das Papsttum zurück und er fand, dass Heerbrand das ganze Gebäude seiner Beweisführung lediglich auf leeren Verdacht bezüglich der Absichten des Papstes gründe. Besser hätten die Protestanten gethan, dem Rate des Chemnitz[4]) und dem Beispiele Augsburgs zu folgen. Schon ihrer Kaufleute wegen werden sie schliesslich den neuen Kalender annehmen müssen, nachdem dies alle katholischen Staaten gethan, oder glauben sie etwa, den Kaiser und die katholischen Reichsstände bewegen zu können, zum alten zurückzukehren oder einen dritten zu machen? Warum sollten sie nicht gleich den augsburger Predigern den gregorianischen Kalender unter Verwahrung gegen die Anerkennung des Papsttums einführen? Aber sie wollen überhaupt keine Verbesserung des alten. In den Thesen werden dann die Gründe Heerbrands gegen den neuen Kalender bis zu den Ausführungen über das Antichristentum des Papstes herab gewandt, verständig und in meist würdigem Tone abgelehnt, doch konnte es nicht versöhnlich wirken, dass die Zugehörigkeit des Kalenders und der Festfeier zu den freigelassenen Mitteldingen entschieden bestritten[5]) und die Befugnis zur Aenderung und zum Anbefehlen derselben aus der Amtsgewalt und dem Primat des Papstes hergeleitet wurde.

Noch weit weniger konnte zur Förderung der Eintracht ein Gespräch dienen, welches ein Priester, M. Jakob Hornstein aus Ueberlingen, 1596

---

1) G. Scherer Triumph der Warheit wider Lucam Osiandrum. Ingolstadt 1587.
2) Siehe darüber Briefe und Acten zur Gesch. des dreissigjährigen Krieges IV, 153 fg.
3) N. 24 des Anhangs. Da Röst das Buch in seinem Namen und „auf Antrieb seiner Lehrer" dem Bischofe von Metz widmet, kann nicht, wie man allerdings nach dem Brauch der Zeit annehmen sollte, der Vorsitzende der Disputation Busäus der Verfasser sein. Indes wird er, der bekannte Jesuit, schon von den Zeitgenossen statt Rösts als Verfasser genannt.
4) S. oben S. 18.
5) Fol. 16 fg. Kaltenbrunner 534 lässt das gerade Gegenteil behaupten!

zu Ingolstadt veröffentlichte.[1]) Es zählte die Gründe der Kalenderänderung, welche von katholischem Standpunkte aus geltend gemacht wurden, auf und suchte sie durch plumpe Schmähungen gegen die Protestanten und die einfältigsten Ausführungen zu erhärten. So hielt er es für nötig, darzuthun, was Niemand bestritt, dass nämlich das Erlösungswerk zur Zeit des Frühlingsvollmondes vollendet worden sei, und sagte zu diesem Ende: „Dass die Juden ihre Ostern im Vollmond des Nisan gehalten und ja Christus der Herr selbst auch zu solcher Zeit für uns gelitten und gestorben, erweisen und bringen klärlich mit sich die Worte, so Dionysius Areopagita, damals ein Philosophus und Professor zu Athen, am Tage des Leidens Christi zu seinen Zuhörern geredet und gesagt hat: Entweder Gott der Natur leidet oder die Welt wird vergehen. Denn warum hat gemeldeter Philosophus solche Worte geredet, als allein därum, weil er gesehen, dass die zwei Finsternisse, so sich zumal am Tage des Leidens Christi drei ganzer Stunden lang über den ganzen Umkreis der Erden begaben, nicht natürlich gewesen, dieweil solche zumal auf einen Tag und im Vollmondschein sich zugetragen, welches natürlicher Weise nicht hat können geschehen, denn wissentlich, wenn es im vollen Mondschein ist, wie es denn damals war, so wird keine Finsternis natürlicher Weise an der Sonne ..... und wenn es gleich schon im Neumond, in welchem sich die Finsternisse an der Sonne begeben, so wird die Sonne alsdann also nicht und zu keiner Zeit verfinstert, dass solche Finsternis (wie am Charfreitag oder am Tage des Leidens Christi beschehen) allenthalben in der Welt gesehen werde...... Folgt derhalben, dass Christus der Herr sammt seinen Jüngern am 14ten Tag Mondscheins Ostern gehalten und für das ganze menschliche Geschlecht gestorben sei. Sonsten hätten sich solche Finsternisse an beiden grossen Lichtern nicht begeben noch auch obgemeldeter Dionysius also hiervon geredet." Weiterhin bemerkt dann Hornstein: „Die lutherischen Naswisen, Confessionisten und Protestierenden sammt anderem ketzerischen Geschmeiss" geben als Ursache der Ablehnung des neuen Kalenders vor, dass der Papst ihn gemacht und seine Einführung befohlen habe. Werde er Reichskalender genannt, versichern sie, so sei schon geholfen, und 1694 ist im Volke

---

1) N 32 des Anhangs.

die Sage gegangen, dass der damals stattfindende Reichstag ihn wieder abschaffen oder umtaufen werde. Da sucht nun Hornstein nachzuweisen, dass der Kalender mit Fug und Recht Reichskalender genannt werden könne, wobei er unter Anderem hervorhebt, da die Einführungsbulle vom 24. Februar 1581 [1]) datiere, sei es sehr unwahrscheinlich, dass der Kalender, wie einige Protestanten behaupteten, beim Reichstage von 1582 zu spät übergeben worden. Auf den Einwurf, dass die Bezeichnung Reichskalender doch nicht passe, weil die Protestanten sich abgesondert hätten, erwidert er: „Darnach fragt man nicht viel; wer nicht will, der fahr' hin; das hl. römische Reich ist auf sie nicht gebaut, sonst wäre es vorlängst zu Grunde gegangen. Doch ist nicht ohne, dass sie ihres Nichtmithaltens des Kalenders zu entschuldigen, dieweil ihr Reich nur weltlich und lauter politisch, oder da gleich an dem was Geistliches, so ist es doch ohne ein Haupt und nach den Worten Christi in ihm selbst durchaus uneinig und zertrennt. Derhalben kann bei ihnen in Annehmung und Bewilligung des reformierten Kalenders wie auch in anderen Religionsartikeln nicht bald Friede und Einhelligkeit eingegangen und erlangt werden, es sei denn, dass solches wohl nach ihrem Kopfe und Sinne schmecke oder sie voran den Vorteil und das Heft in ihren Händen haben. Sonst verschafft und erlangt man in Religionssachen, in die dann der Kalender gehörig, dieselben seien an sich selbst, so gut sie immer wollen, nicht leicht etwas." In so jämmerlicher Weise behandelt Hornstein durchgehends seinen Stoff und nachdem er noch darüber gespottet, dass die Protestanten jedem Spiessbürger teuer zu bezahlende Leichenpredigten voll überschwänglichen Lobes hielten und dadurch ein neues Martyrologium schüfen, in welchem Heilige wie Galle Bürstenbinder, Vole Volzapf, Lipp Fassnacht, Lenz Saubirst prangten, erzählt er zum vollkommenen Beweise, dass der neue Kalender der rechte sei, in seiner Gegenwart habe es zu Strassburg, als ein Kaufmann über jenen geflucht, in der Silvesternacht gedonnert und der Kaufmann wäre später im Rhein ertrunken, wenn ihn nicht Anhänger des neuen Kalenders gerettet hätten.

Das elende Machwerk Hornsteins schliesst die Reihe der hier zu

---

1) Gregor XIII fing das Jahr mit dem 25. März an.

besprechenden Streitschriften. Im Grunde hatte die Fehde auf dem Gebiete der Tagesliteratur schon zehn Jahre vorher ihr Ende gefunden. Länger setzten die Gelehrten den Kampf um den wissenschaftlichen Wert der gregorianischen Neuerung fort, doch fand auch er auf protestantischer Seite 1612 durch das Werk von Kalwitz [1]), auf katholischer 1616 durch die Erwiderungen des zu Rom lebenden Jesuiten Paul Guldin [2]) seinen Abschluss. Es konnte überflüssig erscheinen, die Zulässigkeit und die Richtigkeit des Kalenders zu erörtern, da die evangelischen Reichsstände einhellig entschlossen waren, denselben nicht anzunehmen.

Die Verschiedenheit der Jahresrechnung und Festfeier wurde für unser Volk eine Quelle bitteren Haders und Zwiespaltes. Viele, hatte das neustädter Gutachten bemerkt, [3]) würden sich mehr an der Ungleichheit der Ostern und Weihnachten als an der des Glaubens stossen, und Mästlin hatte vorausgesagt, [4]) die Beobachtung zweier Kalender werde die Protestanten von den Katholiken scheiden, wie die Juden von den Christen insgesammt geschieden seien. Der Erfolg gab ihnen Recht. Zwischen den Anhängern der beiden Bekenntnisse trat im alltäglichen Leben ein Unterschied hervor, der augenfällig und empfindlich war und zwar um so mehr, je grösser die Zahl der Feste war, welche auch die evangelischen Kirchen damals noch begingen. Damit bildete sich dann alsbald das Gefühl eines feindlichen Gegensatzes aus, welches bis dahin nur in geringem Masse vorhanden gewesen war, weil die Protestanten durch innere Streitigkeiten in Anspruch genommen wurden und die Masse der Katholiken in ihren dogmatischen Anschauungen und ihrem kirchlichen Leben wesentlich durch reformatorische Lehren beeinflusst war.

Die Erbitterung wurde gesteigert durch die vielfachen Unbequemlichkeiten und schweren Schäden, welche die doppelte Festfeier für Handel und Verkehr, für das Gerichtswesen und für jede Thätigkeit, die

---

1) S. oben S. 28 Anm. 2.
2) S. Historische Zeitschrift N. F. VI, 127. Guldin, der die Verteidigung des verstorbenen Clavius gegen Kalwitz übernahm, bespricht die von diesem zusammengestellten Gründe der Protestanten gegen die Annahme des neuen Kalenders in seinem Hauptwerke, der Refutatio elenchi. p. 3 fg. nur oberflächlich. Auch er nimmt das Recht zur Aenderung für den Papst in Anspruch und sagt, der beste Beweis für dasselbe sei, dass der Kaiser den Kalender angenommen habe.
3) N. 2 des Anhangs p. 6.
4) N. 11 des Anhangs fol. 51 b.

in das Gebiet einer andersgläubigen Obrigkeit hinüberreichte, unvermeidlich nach sich zog. Das Reichskammergericht vermochte seine ohnehin übergrosse Geschäftslast um so weniger zu bewältigen. Kaufleute wurden bald durch ihr eigenes, bald durch das andere Bekenntnis am Absatz oder an der Weiterführung ihrer Waaren gehindert. Jahrmärkte, die sich früher zweckmässig an einander reihten, fielen zusammen. Wer Aecker in andersgläubigem Lande besass, musste sich ihrer Bestellung zweimal enthalten. Und so stellten sich der Nachteile noch manche ein.

Am härtesten und öftesten wurden diese natürlich da empfunden, wo katholische und protestantische Gebiete sich vielfach berührten und durchsetzten, wie in Schwaben, Franken und im nordwestlichen Deutschland. Vor allem aber litten darunter die kirchlichgemischten Reichsstädte, wo die Bürger in so enger Gemeinschaft des Lebens standen.

Wir erwähnten bereits der Streitigkeiten in Augsburg.[1]) Sie setzten sich eine Reihe von Jahren hindurch fort, wobei es sich allerdings bald mehr um andere Fragen als den Kalender handelte, und hatten zur Folge, dass Augsburg lange Zeit sich den Versammlungen der Reichsstädte fernhielt, weil deren Mehrheit für seine evangelischen Bürger gegen den Rat Partei ergriffen hatte. In Kaufbeuren wurden die vom Rate der Beobachtung des neuen Kalenders entgegengestellten Hindernisse der Anlass zu bitterem Hader und zur Einmischung des Kaisers, des Bischofes von Augsburg und der Herzoge von Baiern, welche schliesslich die Ueberlassung der einzigen Stadtkirche an die winzige katholische Minderheit und die Annahme des gregorianischen Kalenders durch den Rath erzwangen.[2]) Auch in anderen Reichsstädten störte der Kalender die Eintracht und je mehr der kirchliche Hass entbrannte, desto häufiger wurde die Verschiedenheit zu schnöden Bedrückungen und Quälereien ausgebeutet. Protestantische Stadtobrigkeiten und Herren zwangen ihre katholischen Bürger und Unterthanen nicht nur, an den Festtagen des alten Kalenders zu feiern, sondern auch an denen des neuen, deren Beobachtung ihnen ihre kirchliche Obrigkeit zur Gewissenspflicht machte,

---

1) Vgl. oben S. 66.
2) F. Stieve Die Reichsstadt Kaufbeuren und die baierische Restaurationspolitik. München 1870, p. 35 fg.

zu arbeiten, vor Gericht zu erscheinen und ihre Kinder zur Schule zu schicken, ja sie wehrten sogar den in ihren Mauern wohnenden katholischen Geistlichen die Beobachtung der päpstlichen Vorschriften.[1]) Auf katholischer Seite wurde dann dieses Beispiel mit gleicher Unduldsamkeit nachgeahmt.

In den achziger Jahren des sechzehnten Jahrhunderts verschärften sich die Gegensätze zwischen den kirchlich-politischen Parteien im Reiche und begannen sich entschieden zu unheilvollem Ausgange zu wenden.[2]) Die Kalenderverschiedenheit trug das ihrige dazu bei, indem sie namentlich im Volke den Glaubenshass entzündete und schürte.

Mehr als ein Jahrhundert lang bestand sie fort. Erst 1700 nahmen die Protestanten, durch Leibnitz bewogen, einen „Reichskalender" an, der jedoch noch immer, da er Ostern astronomisch genau bestimmte, von dem gregorianischen abwich. Endlich gelang es 1750 Friedrich d. Gr., die allgemeine Annahme des letzteren in Deutschland zu erwirken.

---

1) S. die katholischen Reichstagsbeschwerden und Kaltenbrunner Polemik 317.
2) Vgl. Stieve Der Ursprung des dreissigjährigen Krieges I, 22, 30, 447 fg.

Anhang.[1]

1) Alt Gemain Almanach, || vnd kurtze Practica, auff etliche Jar, sambt || dem New Corrigirten Calender- vnderschidlich mit || fleiss, menigklichen vmb besser nachrichtung wil- || len zu täglichem gebrauch in dise || form gestelt; Auff || das Jar || M.D.LXXXIII. || (Vignette: Kaiserliches Wappen.) || Getruckt zu München, bey Adam Berg. || Mit Röm. Kay. May. Freyheit nit nachzutrucken.

    Staatsbibliothek München. 4°. Chrlg. 154/3. 16 Blätter.

2) Kurtzer Bericht von || gemeinem || Kalender, || Woher er kommen, wie er mit der zeit || verrückt, ob vnd wie er widerumb || zu ersetzen sey. || Auss anlass der Päpstlichen newlich ausge- || gangenen Kalenders Reformation, || Gestelt in || Fürstlicher, Pfaltzgräuischer || Schul zu || Newstadt an der Hardt. || (Vignette des Buchdruckers.) || Gedruckt in der Fürstlichen Pfaltz, zu New- || stadt an der Hardt, durch Matthäe- || um Harnisch. || M DLXXXIII.

    Staatsbibliothek München. 4°. Chrlg. 150/14 und 64. 32 Seiten. Vgl. Kaltenbrunner Polemik 521. Wiederabgedruckt in N. 11 fol. 70b—87.

3) *Exhortatio* || *De Exequen-* || *da Calendarii Correctione, Quam S. D. N. Gregorius XIII. Pont.* || *Max. Edi, Promulgari Et Per Italiam* || caeterasque orbis Christiani partes Anno || MDC.XXXij obseruari mandauit. || *Ad Sacram Caesaream Maie-* || *statem, Imperii Electores Ac Prin-* || *cipes* caeterosque status: Praecipue vero ad Sereuissimum Reuerendissi- || muuque Principem Ernestum, recens electum Archiepiscopum Colo- || niensem, Principem Electorem, etc Nec non ad Illustrissimum et || Reuereudissimum D. Joannem Wilhelmum, Postulatum Admiui- || stratorem Monasteriensem, Juliae, Cliuiae et Montium, etc. || Ducem haereditarium, Dominos suos clemen- || tissimos, directa et scripta. || Per Theodorum Graminaeum, Philosophiae Doctorem, J. Licen- || tiatum, Illustrissimi ac Reuerendissimi Principis

---

[1] Die cursiv gedruckten Stellen sind im Original ganz mit grossen Buchstaben gesetzt.

ac Domini, || D. Joannis Wilhelmi, Administratoris Monaste- || riensis etc. Consiliarium. || Dvsseldorpii || Excudebat Albertus Busius, || Anno 1583.

Staatsbibliothek München. 4°. Liturg. 268. 23 Blätter.

4) *Kalendarium* || *Gregorianom* || *Perpetuum.* || Cum Priuilegio Summi Pontificis. || (Vignette: Schild mit S. P. Q. R. auf einem Querbalken.) || Monachii, || Ex Typographia Adami Montani. || Cum gratia et priuilegio Caes. Maiest. || M D L XXXIII.

Staatsbibliothek München. 4°. Chrlg. 44 c. 32 Blätter.

5) Aussführlicher vnd || Gründtli- || cher Bericht || Von der allgemainen, vnd nunmehr bey sechtzehen Hundert Jaren, von || dem ersten Kayser Julio, biss auff jetzige vnsere Zeit, im || gantzen H. Römischen Reich gebrauchter Jarrechnung oder Kalender, || In was Gestalt er anfänglich gewesen, vnd was durch länge der Zeit für Irrthumb dareyn seyen eyngeschlichen. Item ob, vnd wie er || widerumb ohn merckliche verwürrung zu || verbessern were. || Sambt erklärung der newen Reformation, || welche jetziger Bapst zu Rom *Gregorius* XIII. || in demselben Kalender hat angestellet, vnd an vilen Orten eyn- || geführet, vnd was darvon zuhalten seye Gestellt durch || M. Micaelem Maestlinum Goeppingen- || sem, Matheseos Professorem zu Heydelberg.

Am Schlusse des Buches steht eine Vignette mit der Umschrift: Jacobus Mylius. Coronas annum benignitate Tua. Psalm. 65. — Darunter: Getruckt in der Chur fürstlichen Statt || Heydelberg, durch Jacob Müller, im Jar || M D L. XXXIII.

Staatsbibliothek München. 4°. Chrlg. 51 und 76 m. 8 Blätter 179 SS.
Wiederabgedruckt in N. 11, fol. 1—76a. Vgl. Kaltenbrunner 514 fg.

6) Gründtliche Wiederlegung, || Sambt eigentlicher Be- || schreibung, derjenigen Restitution Anni || vnd Calendarij, so sich dermaleins, nach viel darauff || gewandten mühe vnd vnkosten heruor gethan, vnd || sehen lassen, Im Jar || M D L XXXII. Allen Potentaten, Fürsten vnd Stenden, des heiligen Römischen Reichs, sambt all derselben Ge- || lehrten, vnd Bewandten, Auch allen Reichsstädten zur nach- || richtung, auff das dieselbige, weil sie aus gantz keinem Funda- || ment noch Grunde gesetzet, nicht Publicirt, oder || ins Werck gerichtet werden möge, || beschrieben. || Vnd sambt kurtzer anzeigung, wie vnnd wel- || cher gestalt, eine solche Hochnötige Emendation richtig || vnd gantz vollstendig zu vberkommen, vnnd endlichen ins || werk zu richten. Mit vleis erkleret, vnd den sehr || schönen Künsten der Astronomiae || zur Rettung gesetzet. || Durch || M. Thobiam Mollerum, || Astronomum.

Am Schlusse: Gedruckt zu Leipzig, || Bey Johann Beyer, In verle- || gung Simon Hütters, || Im Jar. || M. D. L. xxxiii.

Staatsbibliothek München. 4°. Chrlg. 51 und 54 m und 64. 20 Blätter.
Wiederabgedruckt in N. 11, fol. 102a—113a. Vgl. Kaltenbrunner 537.

7) Bedencken, ‖ Ob der newe Päpstische Kalender ein Notturft bei der ‖ Christenheit seie, vnnd wie trewlich diser Papst ‖ Gregorius XIII die Sachen darmit meine: Ob der ‖ Papst Macht habe, disen Kalender der Chri- ‖ stenheit auffzudringen: Ob auch fromme vnd ‖ rechte Christen schuldig seien, densel- ‖ bigen anzunemen. ‖ Lucas Osiander D. ‖ (Vignette: Lamm auf einem Drachen; Umschrift: Ecce Agnus Dei, qui tollit peccata mundi. Johan. I) ‖ Tübingen, bey Georgen Gruppenbach. ‖ M. D. LXXXIII.

Staatsbibliothek München. 4°. Chrlg. 51 und 64. 1½ Blätter und 49 Seiten.
Wiederabgedruckt in N. 11, fol. 88—102 a. Vgl. Kaltenbrunner 518 fg.

8) Kurtz Bedencken ‖ Von der Emendation des ‖ Jars, durch Babst Gregorium den XIII. ‖ fürgenomen, vnd von seinem Kalender, nach jhm ‖ Kalendarium Gregorianum perpetuum ‖ jntituliert. ‖ Ob solcher den Protestierenden Ständen anzunemen seie, oder ‖ nicht. Mit angehencktem Prognostico, inn was zei- ‖ ten wir seien, auss den Propheten Daniele. ‖ Zacharia, vnd Apocalypsi Johannis ‖ hergeführt, vnd was wir zuge- ‖ warten haben. ‖ Gestellt ‖ durch Lambertum Floridum Plieningerum, im Jahr M. D. LXXXIV. ‖ im Monat Januario, zur Warnung vnd auffmunderung der Christen- ‖ heit, sonderlich deutscher Nation. ‖ Esaiae 66 sagt der Herr, ‖ Ich will erwehlen, das sie verspotten, vnd was sie schewen, ‖ will ich vber sie kommen lassen. ‖ Gedruckt zu Strassburg, durch ‖ Josiam Rihel.

Staatsbibliothek München. 4°. Chrlg. 64 und 76 m. 7 Blätter und 95 Seiten.
Wiederabgedruckt in N. 11, fol. 113 b—163 a. Vgl. Kaltenbrunner 520.

9) Bawrenklag, ‖ Vber des Bapst ‖ Gregorij xiii. Newen Ca- ‖ lender, Namlich, was für grosse Vnord- ‖ nung (beides im Geistlichen, wie auch im Welt-‖ lichen Regiment, inn Kirchenyebungen, vnnd inn ‖ anderen Politischen Sachen, Händeln vnnd Ge- ‖ werb) darauss entsprungen, gewachssen vnd ‖ herkommen sey. Kürtzlich vnd einfaltig ‖ in gebundene reden gestellet ‖ vnd verfasset. ‖ (Vignetten: Zwei Bilder, auf jedem links Sonne, Sanduhr und astronomische Zeichen; rechts im grösseren, durch eine Diagonale geteilten Abschnitte der Bilder auf dem einen oben ein Centaur, unten ein Bauer mit Axt, auf dem anderen oben ein Mann mit einem Gefässe über einer Wolke, unten trinkende Bauern.) ‖ Ein New Lied, vom newen ‖ Calender, auch was sich zu Augspurg, ‖ den 4 Tag Brachmonats, inn disem 84. Jar ‖ hat zugetragen. Im Ton, Es wonet ‖ Lieb bey Liebe, etc. ‖ 1584.

Bibliothek Wolfenbüttel. 8°. Quodlib. 517. 8 Blätter. Vgl. Kaltenbrunner 529.

10) Die New vermehrte, ‖ vnd gebesserte Bawrenklag, vber den ‖ Newen zugerichten Gregorianischen ‖ Bäpstische Kalender. ‖ In wölcher kürtzlich augedeutet wirdt, das nicht ‖ allein vnder dem Bawersvolck, sondern auch in den ‖ Kirchen- übungen und Polittischen sachen, für vn- ‖ ordnungen, auss disem newen Kalender ‖ entsprungen vnd erwachsen ‖ seyen. ‖ Neben einem sonderlichen begern an

den Babst, || da er anderst wölle, das man sich nach seinem Kalender halten solle. || (Vignette: Zwei Bauern und zwei Händler auf einer Wage.) || Getruckt im jar nach Christi geburt, || M. D. LXXXIIII.

Bibliothek Wolfenbüttel. 4°. Quodlib. 263. 8 Blätter.

11) Nothwendige vnd gründtliche || Bedenckhen || Von dem allgemeinen, vbr- || alten, vnd nu mehr bey sechtzehen hundert Ja- || ren gebrauchten Römischen Kalender, wie vnd ob etliche || Irrthumb hiezwischen in demselbigen eyngeschlichen seyen, || Item, ob vnd wie sie zu corrigieren oder zu || verbessern weren. || Sampt Erklärung vnd Widerlegung dess || vngegründten vnnd vnnohtwendigen neuwen Bäpsti- || schen Kalenders, in welchem jetziger Bapst zu Rom, Gregorius XIII || den alten Kalender zu verbessern vermeint, vnnd denselben jedermennig- || lich auffzudringen (nach vermög seiner hievon aussgegan- || genen, vnnd allhie zu end beygesetzten Bullen oder || Ausschreiben) vorhabens ist. || Alles durch etliche hochverstendige Theologen vnnd || Mathematicos (welcher Namen in nachfolgendem Blatt verzeichnet) || auss H. Göttlicher Schrifft, den alten Kirchen Historien, vnd gewissen Mathe- || matischen Grundt, allen frommen Christen, Hohes vnd Nidriges || Stands, zur treuwhertzigen Warnung vnd Auffmun- || terung, beschrieben vnd er- || kläret. || Gedruckt zu Heydelberg, durch Johann Spies. || M. D L XXXIIII.

Staatsbibliothek München. 4°. Chrlg. 5 m. 8 Blätter und 176 Blätter.

Inhalt: 1) Mästlin s. N. 5.
2) Neustädter Schule s. N. 2.
3) Osiander s. N. 7.
4) Moller s. N. 6.
5) Pitisinger s. N. 8.
6) „Ein anders Bedencken." fol. 163 b—167 a. Vgl. Kaltenbrunner 522.
7) Amplissimis Prvdentissimis Dominis Dominis Et Patronis Observantissimis S. P. fol. 167 b—170 b. Vgl. Kaltenbrunner 522.

12) Warer Bericht, war- || vmb das alt Römisch Calender dieser || zeit nottwendig ersehen vnd gebessert worden, wie im Nicenischen Concilio vor 1255 Jaren, auff || begeren dess Grossmächtigsten Römischen || Keysers Constantini Magni auch || beschehen, etc. || Genesis Cap. I. || Dixit autem Deus, Fiant luminaria in firmamento Coeli, || et dividant diem ac noctem, et sint in signa et tempora et di- || es et annos. || Gedruckt in der Churfürstlichen Statt || Meyntz, durch Casparum Behem, Anno 1584. — Am Schlusse des Buches: C. F. D.

Staatsbibliothek München. 4°. Chrlg. 7 a und 150/19. 7 Blätter.

A. Warer Bericht, warumb || das . . . . . . dieser zeit notwen- || dig . . . . . . Constantini || Magni auch beschehen, etc. || Daneben auch mit eyngeführt ein Newe Zeit- || tung von einem Nussbaum, so zuuor dürr, vnd || ohn Frucht, jetzt aber nach dem Newen Calender || seine Frucht bringt vnd gibt. || (Arabeske.) || Genesis. Cap. I. ||

Dixit. . . . . . || Gedruckt zu München, bey Adam Berg || M. D. LXXXIIII ▯ Cum licentia Superiorum. ¹)

A. a. O. Chrlg. 7 m und 44 c. 8 Blätter.

B. Eine dritte Ausgabe erwähnt Kaltenbrunner 535 Anm.

13) Disputatio. ¶ *De Adiaphoris, Et* || *Calendario : Gregoriano.* || In qua |¦ Auspicio sanctae Triadis. ¶ *Avthore, Et Praeside, Jaco-* || *bo Heerbrando, Doctore, Et Pro-* || *fessore Theologiae* in celeberrima Tubingensi Academia, Praece- ▯ ptore suo summa fide et obseruantia colendo: diebus Martij ▯ 27. et 28. || hora sexta matutina, in Aula nona, ¶ exercitij causa respondebit, ▯ M. Martinvs Corbinvs || Schorndorffensis. ¶ (Vignette: Gerechtigkeit in einem Rahmen mit Engeln.) || Tubingae, apud Alexandrum Hockium. || MDLXXXIIII.

Bibliothek Dresden. 4°. Chrlg. 642. 1 Blatt und 73 Seiten. Vgl. Kaltenbrunner 524.

14) D. Martini || Kemnicii || Bericht vom new- || en Bäpstischen Grego- ▯ riano Calendario, || an den Landgraffen zu || Hessen. etc. || (Arabeske.) ¦¦ Gedrucket Anno 1584.

Staatsbibliothek München. 4°. Chrlg. 19 a. 4 Blätter. Vgl. Kaltenbrunner 523.

15) Herrlich Bedencken, || des tewren Mannes Gottes Lu- ¦¦ theri seligen, von dem jtzundt uewen bepstis- ¦. chen Calender. Daraus gründlich zunernemen, || das der Mann, als ein rechter Prophet, die ans jetzigem Bepstis- ▮ chen Calender entstehende zurüttunge, vnd verbitterunge der || hertzen, zuuor im Geiste geschehen. Vnd darneben deutlich || zuerkennen, da je ein verbesserunge, des bisher gebreuch- ¦¦ lichen Calenders, vorgenommen werden solte, || von wem solchs, vnd wie es geschehen ▯ müste, etc. || Gestellet vor 45 Jahren, Vnd jtzundt dem || Christlichen leser zu gute, entzeln in || druck geordnet. || (Arabeske.) ▯ Gedruckt im Jhar ▯ MDLXXXiiii.

Am Schlusse: Gedruckt vnd ausgangen, Eben auff den || Newen gehaltenen Ostertag, solt man ¦¦ billich gefeyret haben, || im Jahr ¦; LXXXIIII.

Angehängt ist: Vom newen Bapst Calendario, ¦ Ein new Jhar geschenck.

Staatsbibliothek München. 4°. H. ref. 484. 11 Blätter. Vgl. Kaltenbrunner 528.

16) Ein New : All Järiger Calender, ¦ darin sonderlich zu finden || der Sunnen anff vnd vntergang : Tagsaubruch || vnd scheidoug : Tag vnd Nachtleng : Grösse der Planeten : || stund : Bewegliche vnd stäte Fest : Sunnenlauff : Gulden Zal vnd || Epacta der Newmonden : Tabulae Directorii et Cicli Ecclesiasti- || ci etc. dessen alles der Bericht zu end, kurtze || erleuterung vnd vnderwei- ▯ sung gibt. ¦; Gestelt, durch Joannem Raschen, auff Poln ▯ höhe 48. und 49. grad. || (Vignette: Doppeladler

---

1) Die durch Punkte bezeichneten Stellen entsprechen genau dem Titel der ersten Ausgabe.

mit Kranz.) || Gedruckt zu München, bey Adam Berg. || Mit Römischer Käy. May. Freyheit nit nachzutrucken || Anno M. D. LXXXIIII. || Cum Licentia Superiorum.

Staatsbibliothek München. 4°. Chrlg. 44 c. 24 Blätter.

In der Widmung an den Abt der Schotten zu Wien, Georg, sagt Rasch: Ich habe wegen der mir aufgetragenen und von mir selbst erwählten Arbeiten nicht Zeit, jährlich, wie ich es vor neun bis fünf Jahren that, einen Kalender herauszugeben; deshalb dieser alljährige Kalender. Dem Vorgänger E. Gn. wollte ich meine „Tabulae perpetui Calendarii, Computi et Directorii ecclesiastici" und den „magnum et expansum cyclum Pascalem", für den ich zweimal von Kaiser Maximilian II. Consen, erhielt, widmen, aber das Geschrei von der bevorstehenden Kalenderänderung hinderte mich. Bald werde ich jetzt diese Werke veröffentlichen. Seit 1570 diene ich dem Schottenkloster. Wien in festo d. Mathael [21. September] 1583.

17) Gegenpractic, || Wider etliche ausgangenen || Weissag, Prognostic vnd Schrifften, sonder- || lich des Misocaci, vber das 84. vnd 88. Jare von vn- || tergang hohes Geschlächts, änderung der Reich vnd || Religion, Newem Calender, Letzten Zeit, Anti- || christ vnd End der Welt. |: Gestellt durch ¶ Joannem Raszium. Preclariensem. || Domini potentes, populi regentes. || (Zwei Vignetten, die links mit der Ueberschrift: Mars, Motor Mundi und dem Bilde eines Kriegers, die rechts mit der Ueberschrift: Mercurius, Mirificus Machinator und dem Bilde des geflügelten Boten) || Est Deus in coelo, reuelans arcana quae ventura sunt in || nouissimis temporibus. Dan. 2. || Cum gratia et priuilegio Caes. Maiest. || M. D. LXXXIIII. || Cum licentia Superiorum.

Am Schlusse: Gedruckt zu München bey ¶ Adam Berg || MDLXXXIIII.

Staatsbibliothek München. 4°. Chrlg. 44c. 38 Blätter.

In der Widmung an Erzherzog Maximilian sagt Rasch: Wie kein Glück ohne Neid ist, so wird das Haus Oesterreich immerdar durch Angriffe und Hinterlist missgünstiger Fürsten und Reiche, ja auch durch Privatpersonen angefochten. Laslus hat, um den festen Bestand des Hauses zu erweisen, gegen die falsche Praktik eines Franzosen einen lateinischen Tractat von alten lateinischen und deutschen Vaticinils geschrieben. Dadurch bin ich angeregt worden, ein grösseres Werk zu veröffentlichen, welches ich E. fl. Dt. widmen werde. Inzwischen habe ich gegen einen Niederländers Praktik von dem Hasse, dem ich durch Gott und die Natur unterworfen bin, dieses Werkchen verfasst und widme es E. fl. Dt., um zu sehen, ob ich mit dem grösseren Buche fortfahren soll.

18) Entschuldigung und Ableinung Johannis || Scholin Craylsheimensis Astro- || nomiae studiosi. || Wegen der Praefati- || on oder Declaration, den Newen | Päpstischen Kalender betreffend, welche ohne || sein wissen, willen vnd meinung, seinen ¶ Calendarijs ist fürgesetzt || worden. || Darinnen auch etliche Vrsachen, || warum dieser Newe Gregorianische vnd jm- || merwerende Kalender (wie man jhme den || Namen geben) nicht anzunemen, oder zu- || billigen sey, kürtzlich augeregt || werden. || (Arabeske.) || Tübingen, bey Georgen Gruppenbach. || Im Jar ¶ M.D.LXXXIV.

Staatsbibliothek München. 4°. Chrlg. 84 m. 12 Blätter. Vgl. Kaltenbrunner 527.

Die Widmung ist an Frau Sibilla Fuchsin, geborne Fuchsin von Dornheim, Wittwe zu der Barleswag gerichtet; gegeben den 19. Martii anno 1584 zu Tubingen.

19) Zwo warhafftige Newe Zei- || ttung in Gesangweise gestellt. || Die erst von den || gewaltigen straffen Gottes, || so vber die Statt Bibrach in Schwa- || benlaudt geschehen, durch erschröckliche vn- || gewitter, darbei gemelt, wa es eingeschlagen || hat vnd grossen schaden gethon, an || Leuth, Kirchen vnd Gebew, in || disem 1584. Jar. || Im Thon, Kompt her zu mir, spricht || Gottes Sohn etc. || Das ander Lied, Ist von der || Vnruh, so zu Augspurg gesche- || hen, von wegen der Reli- || gionssachen. || Im Thon, || Wie man den Lindenschmid singt || Im Jahr 1584.

Am Schlusse: Erstlich || Getruckt zu Sant Gallen.

Bibliothek Wolfenbüttel. 8°. Quodlib. 517. 4 Blätter.

20) Newe Zeittunge: || Eines kortzweiligen gespreche: || Zweyer Meissnischen Pawren, Von || dem jetzigen Newen des Bapsts Collender, das der || Ostertag ist gehalten worden am Sonntag Oculi || Anno 1584. || Brenenses Asini clamabant Resurrexi, || Cum Populus Dei cantarent Oculi mei. || (Vignette: das päpstliche Wappen; quer steht links: „den Bapsts Gesindt jhr Ostern beghan," rechts: „Wann wir Bawrn Oell mei han.") || Auffs newe gebessert vnd jetzt zum andern mahl in Druck verfertiget. || Autore C. F.

Am Schlusse: Cum Gratia et Priuilegio. || Gedruckt in der Churfürstlichen Stad Dressden, durch || Gimel Bergen. || den 25 Martij. || Anno M.D.LXXXIIII.

Kgl. Bibliothek Berlin. 4°. Ox. 506. 8 Blätter. Vgl. Kaltenbrunner 528.

21) Bawren Rathschlag, || Vber den Neuwen || Kalender, auch jhnen zugemessene || vnd aussgegangene Bauwrenklag, darin- || nen sie sich erkleren, entschuldigen vnd verantworten, || vom Kalender urtheilen, woher der entsprungen, auss || was vrsachen die Emendation vom Bapst fürgenom- || men, die Klag widersprechen vnd heiter zu verste- || hen geben, das dieselbige nicht von jnen, || sondern von einem vnruwigen || Hautbeisser erdicht || sey. || (Vignette: Mehrere Bauern vor einigen Bäumen.) || M.D.LXXXV.

Universitätsbibliothek München. 4°. Math. 300. 8 Blätter.

22) Ein new || Kalender Lied. || Ein schönes an- || dechtiges Liedlein, von dem || Newen Wolformierten Menschen || vnd Vieh, angenemen Kalender, || Bäpstlicher heiligkeit zu Rom || zu ehren gesungen. || In des hübschen Mägtlins Thon. || Sampt einem newen, Erhalt vns || Herr etc. Vmb erhaltung des Ka- || lenders zu bitten || (Arabeske) || Anno M.D.LXXXV

Am Schlusse: Gedruckt zu Papschauen, Stelts Hans Vmlauff in der Dredelgassen.

Bibliothek Wolfenbüttel. 8°. Quodlib. 517. 4 Blätter.

23) Kurtzer bericht, || Von der eigen- || schafft dieser Jare vnd vnse- || rer gegenwertigen zeit, auch was || von dem newen Bepstischen Calender, So || man Calon-

darium Gregorianum oder || den reformirten nennet, zu || halten sey. || Gestellet || durch M. Thobiam Molle- || rum Crimuicensem, Astronomum. || (Arabeske.) || Gedrucket Anno 1585 || Cum Gratia et Priuilegio : etc.

Bibliothek Wolfenbüttel. 4°. Quodlib. 107. 7 Blätter.

24) *Pro Calendario* || *Gregoriano* || *Disputatio* || *Apologetica et Jo-* || *anne Besaeo Societatis Jesu* || Doct. Theologo Disputationi Lu- || theranae Tubingensi opposita || Et || *In Academia Mogvntina Anno* MDLXXXV || Ad III Idus Martias publice habita. || *Respondente* || Pro prima laurea Theologica conseqnenda || M. *Petro Roestio Noviomago* || sacrarum literarum studioso. || *Moguntiae, Ex Officina Gasparis* || Behem. Anno 1585.

Universitätsbibliothek München. 4°. Math. 300. 40 Blätter.

25) New Kalender. || Von verbesserung des Kirchen Kalenders, von || veränderung des Gregorianischen newen Oster Circkels, || vnd von etlichen der geordneten newen Jarzal. Auff al- || lerley des gemeinen volcks lästerungen vnd einreden || antwort vnd bericht. || Darneben resolvierte Tabulae vnd Canones von schaltun- || gen, excess vnd anticipatione Aequinoctij, Renolutione Solis, von anfang || oder eingang des Astronomischen newen Jars. Das ist, wann die Sonn || im Mertzen den ersten punct des zeichen Widers erreichet || Extendiert vnd erstrecket biss auff das 1620 || Jar Christi Gestelt, durch Johann Rasch. (Vignette: Astronomisches Bild.) || Gedruckt zu München, bey Adam Berg. Anno M.D.LXXXVI.

Staatsbibliothek München. 4°. Chrlg. 150 23. 24 Blätter. Vgl. Kaltenbrunner 534.

Das Büchlein ist abgesehen vom Titelblatt identisch mit N. 16.

26) Christliche Erinnerung || Zum Newen Jar || VOm Alten vnd Ne- || wen Calender, Wer sie Erstemals || erfunden, wenn, wer vnd wie offt sie geendert, was die jtzige || Trennung genrsacht, welches vnter dem *Alten Vnd* || *Newen* der beste, wie man wider zu einer richtigen ein- || trechtigkeit kommen, vnd sich vnter des ein Christ gegen Gott vnd || seiner Oberkeit, mit gutem Gewissen recht vnd wol verhalten kan vnd sol, kürtzlich || Zusammen in eine Predigt verfast || Durch M. Zachariam Rioandrum der Herrschafft || Biberstein Superintendenten, vnd Pfarherren || zu Forst etc. || (Arabeske.) || Wittenberg. || Gedruckt bey Matthes Welack. Anno MDLXXXVI.

Staatsbibliothek München. 4°. Hom. 1872. 4 Blätter 76 Seiten.

Auf der Rückseite des Titelblattes ein lateinisches Gedicht an Rivander von Martin Rheder. In der Widmung an die Pfarrer, Diaconen und Schuldiener in der Superintendenz der Herrschaft Forste und Pförtten sagt Rivander: Ich bin zur Superintendentur von den Grafen Johann, Abraham und Joachim von Biberstein berufen. Demnächst werde ich eine „Superintendenz- und Inspectionsordnung" auf Befehl derselben veröffentlichen. Da mir aber diese Schrift, die ich vor meiner früheren

Gemeinde als Predigt vortrug, gerade gedruckt von Wittenberg zukam, beschloss ich, sie Euch als Antrittserklärung meines Gemütes zu widmen. — Rivander zählt dann noch eine ganze Reihe von Schriften, die er veröffentlichen wolle, auf: eine Ketzerchronik, Annotationes zur ganzen Bibel, Predigten über das erste Buch Moses, eine Postille, Exercitium Theologicum, Topica historiarum mundi, Annales, Calendarium historicum, Pastorale onomastico-dictionario-theologicum, Consilia Lutheri und einen Katechismus

27) Epistel. || Den newen Papstischen || Gregorianischen *Calender* betreffend, etc. || Anno 1583 im Monat December, zu | Wien in Oesterreich in der Landstände || versammlung vberantwortet. || Denen Wolgebornen, Edlen vnd Ge- || strengen Herren, Herrn Niclassen von Buchheim, Frey- || herrn zu Rabs vnd Grumbach, Erbdruckses in Oesterreich, Her- || ren Wolffen von Liechtenstein, von Niclassburg, auff Wülffers- || dorff vnd Ascha, Herrn Maximilian von Mümming, zu Kirch- || berg an der Püelach auff Sitzenthal, Herrn Frautzen von Gera, || zu Michelstedten, Röm. Kay. May. Räthen, vnd einer || Ersamen Landschafft, dess Ertzhertzogthumbs || Oesterreich vnter der Enss || verordneten. || (Arabeske) || Sampt einem kurtzen Ausszug, auss Papst Gregorij 13. |. zweien Bullen, für seinem Calender gedruckt, Neben nützer erin- |' nerung etlicher fürnemer Puncten, den Christen zu wissen, || jetziger Zeit, hoch von nöthen. '| Anno M. DLXXXVII.

Die Eingabe ist unterzeichnet: Datum Wien den 16 decembris am Montag nach dem dritten Sontage des Advents anno salutis humanae 1583. M. **Marcus Volmarius**.

Staatsbibliothek München. 4°. Chrlg. 150/25. 8 Blätter.

28) Christi vnd Antichristi || **O s t e r n**, treffen beyde zugleich das || 1583 Jahr, vnd seind eine erleuterung der || Christlichen Kirchen, welche Apocal. 12. in gestalt || eines Schwangern geberenden Weibs, || auff den Monschein ge- || stellt wirdt. '| (Arabeske) || 1589.

Am Schlusse: **Eustachius Poyssel**.

Staatsbibliothek München. 4°. Chrlg. 150/26. 4 Blätter.

29) Neu Kalender. || Das erste büch. || Von Computistischen || kirch Calenders besserung vnd wunder, von || neues Gregorischen Ostercycli änderung, von astrono- || misch geordneten neu Jars zeits anfang, der resoluirten tabulen, Canonen, || Schaltungs vbermass, aequinoctien, reuolution der Sonnen, vnd alles dess !| wesens zu guter gedechtnus, etlich notwendige bedencken oder retractation, || denen die hierinn was geyebt zu sein oder den verwirrten scribenten, gmai- || nen volcks angstlautmäriger entsetzung, landgengigen lesterungen, wi- :: derinnnigen einreden, vnformcklichen fürwürffen, mit gezimlicher ant- || wort vnnd gutem bericht begegnen zu wissen, lust haben, gar verstünd- || lich, dienstlich vnd nutz, wie volgends blatt weiter innhelt, || gestellet durch **Joh. Rasch**. || (Vignette: Ein Theologe mit dem Osterlamm, gegen-

über ein Astronom mit dem Astrolabium, darüber Sonne, Mond und Sternbilder
sowie astronomische Zeichen, deren auch zwischen den beiden Männern stehen.) ||
Tempus currit a tempore scientiae et potentiae. || Getruckt bey Leonhart Straub,
in dem || Fürstl. Gottshauss Sanct Gallen Reichshoff, || Rorschach am Bodensee. |
Anno MDXC.

Staatsbibliothek München. 4°. Chrlg. 44c. 64 Blätter.

30) Der Weiber Krieg wider den Bapst, |; Darumb das er Zehen tag aus |
dem Calender gestollen hat. || 1. Weil aber der Bapst zu der fart, || den Calender
geendert hat, || Zeben Tag daraus vns genommen, |: Bringt solchs vns Frawen kein
frommen. |: Derentwegen entspriessen thut, || dem Mannlichen Geschlecht zu gut. :|
(Vignette: Eine Frau mit Rocken, hinter der ein Adler und in der Ferne eine Stadt;
rechts von ihr die Strophe 2., unter ihr 3., links 4.) || 2. Zwo Marterwochen in dem
Jar, || Seins erschrocken wir Frawen zwar,. Dan wir im Jahr viertzehn Tage ;| Das
Regiment nicht sollen haben. || 3. Derhalben ohne zweiffel ist, || Wir werden sein
bedacht auff List, || Wie man doch solches möcht greiffen an, |; Bapsts Calender zu
wider stahn. || 4. Weil es gantz rud gar ist vnrecht, :' Das doch die Menner bleiben
Knecht, || So hab ich dir kürtzlich vermelt, || Warumb dieser Krieg ist angestelt. ||
Gedruckt im Jar, M. D. XC.

Bibliothek Wolfenbüttel. 4°. Quodlib. 309. 6 Blätter. Vgl. Kaltenbrunner 529.

31) *Sypprtatio* || *Ecclesiastica* || Secundum novam et antiqvam || Calendarii rationem || Huic accessit || *Theoria Calenduriorum* |: *Acthore* || A Romano L. E. A. ||
(Wappen.) || *Wirceburgi* || Apud Georgium Fleischmann Anno 1595.

Staatsbibliothek München. 4°. Chrlg. 80p. 2 Blätter 52 and 80 Seiten.

32) Reformierter Reichs Calender : || Oder || Ein Newes kurtzwei- || liges Gespräch, vom Alten vnnd Newen || Calender, welcher der rechte seye : || Folgendts
welche parthey recht darau thue, || die, so es mit dem Newen, oder aber die es '|
mit dem Alten Calender haltet. || Dem Einfältigen zu Nutz vnnd gutem, wider alle |
Calenderschender, zusamen getragen vnnd in Truck geben. |: Durch || M. Jacobum
Hornstein Acronianum. || Genesis 1. || Es werden liechter im fürnamen des Himmels, vnnd scheiden || tag vund nacht : vnnd seien in zaichen vnnd in zaiten, vnnd
in :| Tagen vnnd Jaren. || (Vignette.) || Getruckt zu Ingolstatt bey Wolfgang Eder. ||
Anno M D. XCVI.

Am Schlusse : Cum licentia Superiorum.

Staatsbibliothek München. 4°. Chrlg 41m. 20 Blätter.

Widmung an Johann Habiscrittlinger, genannt Costanzer im Thal, J. & Dt. zu Oesterreich
Rath und oberster Salzfactor Innthaler Salzes. Igolstadt 21 März 1596.